초등학생을 위한
표준한국어
익힘책

학습 도구

5~6학년

초등학생을 위한
표준 한국어
익힘책

국립국어원 기획 | 이병규 외 집필

학습 도구

5~6학년

마리북스

발간사

　국립국어원에서는 교육부 2012년 '한국어 교육과정' 고시에 따라 교육과정을 반영한 학교급별 교재 개발을 진행하였습니다. 이어서 2017년 9월에 '한국어 교육과정'이 개정·고시(교육부 고시 제2017-131호)됨에 따라 2017년에 한국어(KSL) 교재 개발 기초 연구를 수행하였고, 연구 결과를 바탕으로 초등학교 교재 11권, 중고등학교 교재 6권을 개발하여 2019년 2월에 출판하였습니다.

　교재에 더하여 학교 현장에서 다문화가정 학생들의 한국어 의사소통 능력 및 학습 능력 함양에 보탬이 되고자 익힘책을 개발하게 되었습니다. 교재와의 연계성을 높인 내용으로 구성하여 말 그대로 익힘책을 통해 한국어를 더 잘 익힐 수 있도록 노력하였습니다. 더불어 익힘책의 내용을 추가 반영한 지도서를 함께 출판하여 현장에서 애쓰시는 일선 학교 담당자들과 선생님들에게도 교재 사용의 길라잡이를 제공하고자 하였습니다.

　'다문화'라는 말이 더 이상 낯설지 않은 한국 사회에서 다문화가정 학생들이 한국 사회 구성원으로서의 정체성 함양에 밑거름이 되는 한국어 능력을 기르는 데《초등학생을 위한 표준 한국어》가 도움이 되기를 바랍니다. 국립국어원에서는 이제껏 그래왔듯이 교재 개발 결과가 현장에서 보다 잘 활용될 수 있도록 돕기 위하여 교재 개발은 물론 교원 연수 등을 통해 지속적으로 다문화가정 학생들의 한국어 능력 향상을 위해 노력하겠습니다.

　끝으로 3년간《초등학생을 위한 표준 한국어》교재와 익힘책, 지도서 개발과 발간을 위해 애써 주신 교재 개발진과 출판사에 깊은 감사의 말씀을 드립니다.

2020년 1월
국립국어원장 소강춘

머리말

　새로 발행되는《초등학생을 위한 표준 한국어 익힘책》은 2019년에 개정되어 출판된《초등학생을 위한 표준 한국어》와 함께 사용하는 보조 교재입니다. 본교재로서《초등학생을 위한 표준 한국어》는 고학년과 저학년의 학령과 숙달도에 맞게 각 4권, 총 8권으로 출판된 〈의사소통 한국어〉 교재와 세 학년군, 세 권 책으로 분권 출판된 〈학습 도구 한국어〉 교재를 통해 초등학생들의 한국어(KSL) 학습의 바탕이 되고 있습니다. 익힘책 교재는 이들 교재와 긴밀하게 연계된 단원 구성을 가지고 있으며, 본교재의 한국어(KSL) 학습 내용을 다시 떠올리고 관련된 연습 활동을 충분히 수행할 수 있도록 구성되었습니다.

　〈초등학생을 위한 표준 한국어 의사소통 익힘책〉은 〈의사소통 한국어〉 교재와 연계되어 있으며 일상생활과 학교생활의 다양한 장면 속에서 어휘와 문법을 연습할 수 있도록 편찬되었습니다. 무엇보다도 〈의사소통 한국어〉 본단원에서 학습한 목표 어휘와 문법을 다양한 상황에 따라 사용할 수 있고 말하고, 듣고, 읽고 쓰는 주요한 언어 기능의 통합적 사용을 되새기며 연습할 수 있도록 하는 활동이 주요하게 제시되었습니다. 〈학습 도구 한국어〉 교재와 연계된 〈초등학생을 위한 표준 한국어 학습 도구 익힘책〉은 교실 수업과 교과 학습 상황에 필요한 주요한 어휘와 학습 개념을 복습하고 활용하는 내용들로 채워져 있습니다. 본단원에서 제시된 학습 도구 어휘, 교과 연계적 개념과 기능들을 특히 읽기와 쓰기의 문식성 활동들을 통해 되새기고 연습할 수 있도록 합니다.

　2019년에 개정 출판되었던《초등학생을 위한 표준 한국어》교재와 마찬가지로, 새로 출판되는《초등학생을 위한 표준 한국어 익힘책》역시 초등학생 학습자와 초등 교육 현장의 특성을 충분히 이해하고 반영하려는 여러 노력들을 바탕으로 한 것입니다. 익힘책 편찬에서는 교실에서의 학습 조건이나 교재를 활용하는 다양한 환경이 많이 고려되었습니다. 학습자와 교사 모두가 본교재에 접근하는 데에 실질적인 도움을 얻고 어려움을 덜 수 있도록 익힘책이 보조하도록 하였습니다.

　《초등학생을 위한 표준 한국어 익힘책》편찬을 위해 많은 관심과 지원을 아끼지 않은 국립국어원 소강춘 원장님을 비롯한 관계자 여러분께 감사드립니다. 본교재와 더불어 익힘책 교재로 이어졌던 고된 집필을 마무리하기까지, 노력과 진심을 다해 주신 연구 집필진 선생님들께, 그리고 마리북스 정은영 대표를 비롯한 출판에 도움을 주신 많은 분들께도 감사의 마음을 전합니다.

2020년 1월
연구 책임자 이병규

〈학습 도구 한국어 익힘책 5~6학년〉은 《초등학생을 위한 표준 한국어》 중 〈학습 도구 한국어 5~6학년〉과 함께 사용합니다. 익힘책은 〈학습 도구 한국어 5~6학년〉의 각 단원 1차시~3차시 내용과 연계된 총 3차시 분량의 연습 문항들로 이루어져 있습니다. 〈학습 도구 한국어 5~6학년〉에서 배웠던 학습 어휘 및 학습 개념을 복습하고 활용할 수 있는 활동들로 구성하였습니다.

단원명
〈학습 도구 한국어〉 연계 단원입니다.

차시명
〈학습 도구 한국어〉 연계 차시입니다. 1차시~3차시가 연계됩니다. 연계된 본문의 쪽수가 표시됩니다.

익힘책 주요 활동
익힘책의 주요 활동입니다. '어려운 말 익히기', '부엉이 선생님 또 보기', '표현해 보기' 세 가지 활동이 단원에 따라 제시됩니다.

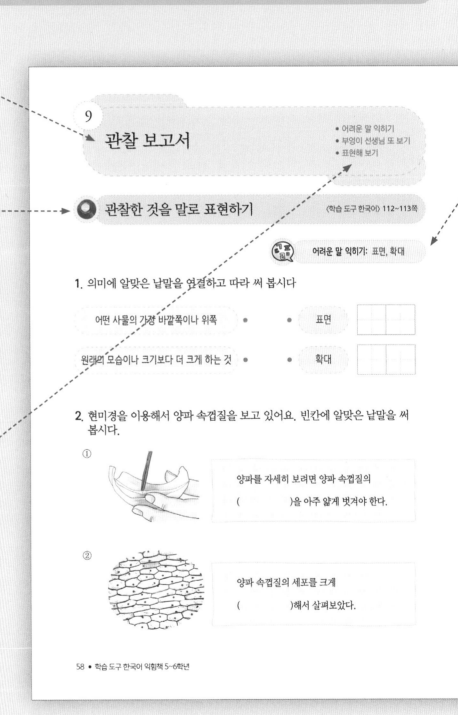

9
관찰 보고서

• 어려운 말 익히기
• 부엉이 선생님 또 보기
• 표현해 보기

관찰한 것을 말로 표현하기　　　〈학습 도구 한국어〉 112~113쪽

어려운 말 익히기: 표면, 확대

1. 의미에 알맞은 낱말을 연결하고 따라 써 봅시다.

어떤 사물의 가장 바깥쪽이나 위쪽　•　　•　표면

원래의 모습이나 크기보다 더 크게 하는 것　•　　•　확대

2. 현미경을 이용해서 양파 속껍질을 보고 있어요. 빈칸에 알맞은 낱말을 써 봅시다.

① 양파를 자세히 보려면 양파 속껍질의 (　　　)을 아주 얇게 벗겨야 한다.

② 양파 속껍질의 세포를 크게 (　　　)해서 살펴보았다.

58 • 학습 도구 한국어 익힘책 5~6학년

6 • 학습 도구 한국어 익힘책 5~6학년

어려운 말 익히기: 도구

3. 빈칸에 공통으로 들어갈 낱말을 쓰고 읽어 봅시다.

양파를 관찰할 때 우리는 현미경이나 돋보기를 사용합니다. 현미경과 돋보기는 관찰
(　　ㄷㄱ　　)입니다. 공책에 중요한 것을 쓸 때는 필기 (　　ㄷㄱ　　)를 사용합니다.
연필, 볼펜, 지우개 등입니다. 우리가 어떤 일을 할 때 쓰는 물건을 (　　ㄷㄱ　　)라고
합니다. (　　ㄷㄱ　　)는 우리가 어떤 일을 쉽게 할 수 있게 도와줍니다.

4. 어울리는 말을 찾아 써 봅시다.

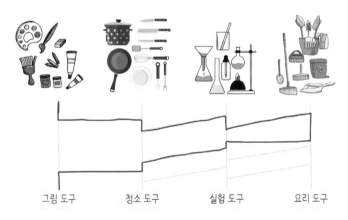

그림 도구　　　　청소 도구　　　　실험 도구　　　　요리 도구

① 청소 당번은 (　　　　　　　　)를 가지고 오세요.

② 새 (　　　　　　)를 사서 미술 시간이 기다려진다.

③ (　　　　　　)를 사용한 후에는 깨끗이 닦아야 한다.

④ 과학 (　　　　　　)를 사용하기 전에 선생님의 설명을 잘 들어야 한다.

9. 관찰 보고서 • 59

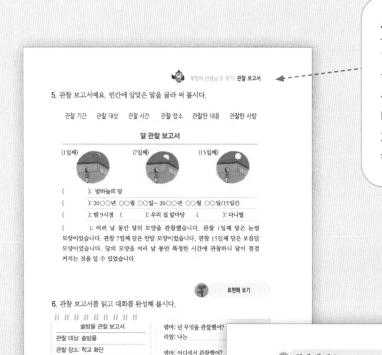

부엉이 선생님 또 보기

〈학습 도구 한국어〉 본문의 '부엉이 선생님' 내용과 연계됩니다. 차시 주제에 맞는 주요한 학습 개념을 떠올리고 내용을 따라 씁니다. 학습 개념을 활용하는 학습 문제를 풀기도 합니다.

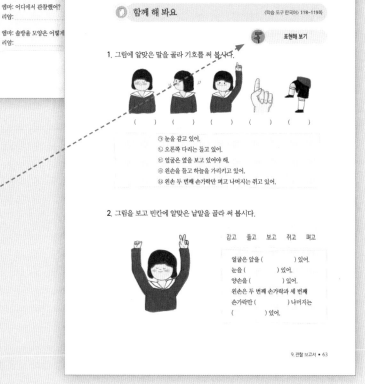

표현해 보기

〈학습 도구 한국어〉에서 배운 어휘나 표현을 사용해서 문장을 만들거나 완성하는 연습을 합니다. 대화를 완성하는 연습을 하기도 합니다. 특히 익힘책의 '함께 해 봐요' 차시에 주로 제시되는 활동입니다.

차례

1

탐구 활동을 해요

- 어려운 말 익히기
- 부엉이 선생님 또 보기
- 표현해 보기

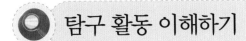 탐구 활동 이해하기 〈학습 도구 한국어〉 16~17쪽

 어려운 말 익히기: 움직임, 방식

1. 빨간색으로 표시된 낱말의 의미를 생각하며 따라 써 봅시다.

① 달팽이가 천천히 가고 있다. 달팽이는 움직임이 느리다.

② "하하" 웃기도 하고 "호호" 웃기도 한다. 사람들이 웃는 방식은 여러 가지이다.

2. 낱말을 한 개 골라 문장을 만들어 봅시다.

> 움직임   방식

① 운동선수의 ....

② 운동선수들이 움직이는 ....

어려운 말 익히기: 번갈아(번갈다), 설명

3. ㉠과 ㉡ 빈칸의 자음자에 알맞은 말을 써 봅시다.

> 국어사전에서 (㉠ ㅂㄱㄷ)를 찾았어. 이 낱말의 뜻은 "무엇을 할 때, 차례를 바꿔 가면서 하다."라고 나와 있어. (㉠ ㅂㄱㄷ)를 사용할 때는 "나는 두 가지 종류의 옷을 (㉡ ㅂㄱㅇ) 입는다."라고 말할 수 있어. 그리고 "운동선수는 팔과 다리를 (㉡ ㅂㄱㅇ) 움직였다."라고도 할 수 있어.

㉠ [   ][   ][   ]   ㉡ [   ][   ][   ]

4. 알맞은 말을 골라 빈칸에 써 봅시다.

> 설명을   설명한   설명해

① 선생님께서 우리 몸의 구조에 대하여 [   ][   ][   ] 주셨다.

② 움직임에 대한 [   ][   ][   ] 백과사전에서 찾아보았다.

③ 친구가 [   ][   ][   ] 내용을 다시 떠올려 보았다.

5. 다음은 장위가 발표한 내용이에요. 잘 읽고 물음에 답해 봅시다.

> 저는 팔과 다리의 움직임에 대해서 탐구했습니다. 먼저 운동선수의 뛰는 모습을 관찰했습니다. 운동선수는 팔과 다리를 굽혔다 펴면서 번갈아 움직이고 있었습니다. 그다음에는 백과사전을 찾아서 움직임에 대한 설명을 읽었습니다. 팔과 다리를 움직일 때는 뼈에 붙어 있는 근육이 늘어나거나 줄어든다는 사실을 알았습니다.

1) 장위는 무엇에 대하여 발표하고 있어요?----------------------------------(   )

    ① 탐구 활동의 결과

    ② 움직임 놀이 활동의 정리

    ③ 운동선수의 모습을 그리는 과정

    ④ 팔과 다리의 움직임에 대한 탐구 활동

2) 장위가 한 일을 순서대로 써 보세요.

    ① 먼저 _____ .

    ② 그다음에는 _____ .

6. 다음 빈칸에 공통으로 들어가는 말을 5번의 글에서 찾아 써 봅시다.

> 아시아의 역사에 (   ) 공부했다.
> 연못에 사는 곤충에 (   ) 탐구했다.
> 백과사전을 보며 풍력 발전에 (   ) 더 알아보았다.

여러 가지 탐구 활동 살펴보기

〈학습 도구 한국어〉 18~21쪽

 어려운 말 익히기: 환경, 영향

1. 의미와 자음자에 알맞은 낱말을 빈칸에 써 봅시다.

①	의미	자음자	낱말
	사람들이 생활하는 주변의 조건이나 상황	ㅎ ㄱ	

②	의미	자음자	낱말
	어떤 것의 효과나 작용이 다른 것에 미치는 것	ㅇ ㅎ	

2. 어울리는 것끼리 연결하여 문장을 완성하고 써 봅시다.

쓰레기를 많이 버리면　●　　　●　영향을 미친다.

날씨는 사람들이 옷을 입는 방식에　●　　　●　환경이 오염된다.

① _____ .

② _____ .

3. 빈칸에 공통으로 들어갈 낱말을 써 봅시다.

관찰 ㅈ ㅈ   탐구

대화   조사

 표현해 보기

4. 대화를 완성해 봅시다.

> 타이선: 환경을 보호하기 위해 많은 사람들이 노력하고 있다고 해.
>
> 장위: 그래. _____ ㉠ _____ 깨끗하게 지키려고 노력하고 있어.
>
> 타이선: 환경을 보호하려면 어떻게 해야 할까?
>
> 장위: 쓰레기를 버리지 않는 것도 환경을 보호하는 방법이야.
>
> 타이선: 또 어떤 방법이 있을까?
>
> 장위: _____ ㉡ _____ .

1) ㉠에 들어갈 알맞은 말은 무엇이에요?

   ① 환경이 오염되었고

   ② 환경이 오염되지 않아서

   ③ 환경이 오염되지 않도록

   ④ 환경이 오염될 수 있도록

2) ㉡에 들어갈 알맞은 말을 자유롭게 써 보세요.

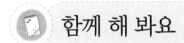

 표현해 보기

1. 빈칸에 알맞은 말을 〈학습 도구 한국어〉 22쪽에서 찾아 써 봅시다.

> 선생님: 말을 네 개씩 가져요. 그리고 놀이 순서를 정해요.
>
> 장위: 가위바위보를 했어요. 제가 이겨서 타이선보다 먼저 해요.
>
> 선생님: 이제 고누판을 잘 보세요.
>
> 장위: 말을 어떻게 움직여요?
>
> 선생님: 말을 (   ) 움직여요.
>
>   (   ) 움직일 수 있어요.
>
>   대각선으로는 못 움직여요. 그리고 말을 건너뛸 수 없어요.
>
> 장위: 어떻게 하면 이겨요?
>
> 선생님: 상대의 말을 (   ) 그 말을 딸 수 있어요.
>
>   말을 많이 따면 이겨요.

2. '말로 하는 고누' 놀이 방법을 떠올리며 빈칸에 알맞은 말을 써 봅시다.

> 타이선: 장위야, 네 차례야. 말을 어떻게 움직일 거야?
>
> 장위: 나는 (   ).
>
> 타이선: 그러면 안 돼. (   ).
>
> 장위: 아, 그렇게 움직일 수 없지. 그럼 앞으로 두 칸.
>
> 타이선: 나도 앞으로 두 칸. 네 말을 못 움직이게 할 거야. 그럼 네 말을 딸 수 있어!

2 이럴 땐 이런 생각

● 부엉이 선생님 또 보기
● 어려운 말 익히기
● 표현해 보기

어림하여 말하기

〈학습 도구 한국어〉 28~29쪽

부엉이 선생님 또 보기: **어림**

1. 다음 문장을 따라 써 봅시다.

무게나 길이 등이 어떠한지 짐작해 보는 것이 '어림'이다.

	무	게	나		길	이		등	이		어	떠
한	지		짐	작	해		보	는		것	이	
'	어	림	'	이	다	.						

2. 빈칸에 알맞은 말을 써 봅시다.

 당근이 두 개 있어요. 당근의 전체 무게는 400g이에요. 그럼 당근 한 개의 무게는 어떻게 어림할 수 있어요?

 당근의 (　　　　　)를 둘로 (　　　　　).
당근 (　　　　　)가 400g이니까
당근 (　　　　　)는 200g이에요.

당근 (400g)

3. 대화를 읽고 물음에 답해 봅시다.

 자를 가지고 지우개의 길이를 재 보았어요.

 그래요. 자를 가지고 길이를 측정해 보았어요.

 '길이를 재다'와 '길이를 측정하다'가 같은 말이에요?

 뜻이 비슷한 말이에요.

1) '길이를 재다'와 뜻이 비슷한 말은 무엇이에요? 써 보세요.

2) 빈칸에 뜻이 비슷한 말을 써 보세요.

① 몸무게를 재다 = (몸무게를 측정하다   )

② 온도를 재다 = (   )

③ 거리를 재다 = (   )

4. 빈칸에 들어갈 알맞은 말을 연결해 봅시다.

엠마는 자를 이용하여 파 조각의 길이를 (   ) 수 있었다. •   • 어림할

엠마는 손가락 마디를 이용하여 파 조각의 길이를 (   ) 수 있었다. •   • 측정할

5. 낱말과 알맞은 의미를 연결하고 따라 써 봅시다.

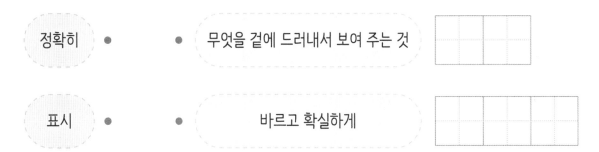

정확히 •   • 무엇을 겉에 드러내서 보여 주는 것

표시 •   • 바르고 확실하게

6. 빈칸에 알맞은 말을 써 봅시다.

1) 빈칸의 자음자에 알맞은 말을 써 보세요.

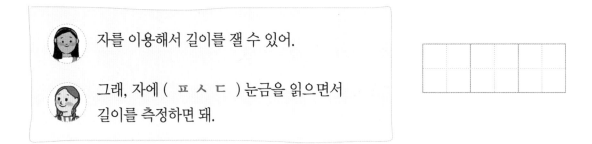

자를 이용해서 길이를 잴 수 있어.

그래, 자에 (ㅍ ㅅ ㄷ) 눈금을 읽으면서
길이를 측정하면 돼.

2) 빈칸에 공통으로 들어가는 말을 써 보세요.

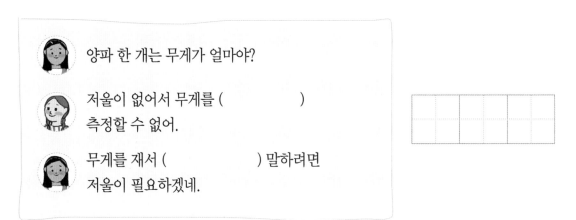

양파 한 개는 무게가 얼마야?

저울이 없어서 무게를 (   )
측정할 수 없어.

무게를 재서 (   ) 말하려면
저울이 필요하겠네.

어려운 말 익히기: 추측, 단서, 짐작

1. 빨간색으로 표시된 낱말의 의미를 떠올리며 다음 문장을 따라 써 봅시다.

	관	용	구	의		의	미	를		생	각	하
며		대	화		상	황	을		추	측	할	
수		있	었	다	.							

2. 의미와 자음자에 알맞은 낱말을 빈칸에 쓰고 문장을 완성해 봅시다.

①   의미   자음자   낱말

문제를 해결하는 데에 도움이 되는 사실   ㄷ ㅅ

→ 경찰은 중요한 (   )를 발견해서 범인을 추측할 수 있었다.

②   의미   자음자   낱말

일이나 마음 같은 것을 살펴보고
'그럴 것이다.'라고 생각하는 것   ㅈ ㅈ

→ 이 그림을 보면 화가가 얼마나 행복했을지 (   )이 간다.

③   의미   자음자   낱말

어떤 사실이나 보이는 것을 통해서
무슨 일인지를 생각해 보는 것   ㅊ ㅊ

→ 누가 창문을 깬 것인지 (   )할 수 없었다.

3. 빈칸에 알맞은 말을 골라 써 봅시다.

> 추측하기   추측할   짐작했다   단서는

① 결과를 (   ) 위해서는 과정을 잘 살펴봐야 한다.

② 주인공의 행동을 보면서 주인공의 마음을 (   ).

③ 이 발자국을 보면 누가 들어왔는지 (   ) 수 있다.

④ 범인을 잡을 수 있는 유일한 (   ) 휴대 전화이다.

4. 〔 보기 〕 와 같이 문장을 만들어 봅시다.

> 보기
>
> 범인이 그 남자이다 + 추측하다 + 어렵다
> → 범인이 그 남자인지 추측하기 어렵다.

① 엠마가 1등이다 + 짐작하다 + 어렵다

→ --

② 그분이 선생님이다 + 추측하다 + 어렵다

→ --

5. 질문에 대한 답을 자유롭게 써 봅시다.

우리 할머니께서 드라마의 주인공을 보고 "손이 크네."라고 하셨어.

주인공이 무엇을 굉장히 많이 만들거나 많이 주었을 것 같아.

그렇게 추측한 이유는 무엇이야?

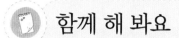 **함께 해 봐요**

〈학습 도구 한국어〉 34~35쪽

 표현해 보기

1. 물음표에 있는 숫자를 찾는 방법을 설명하고 있어요. 설명하는 글을 읽고 물음에 답해 봅시다.

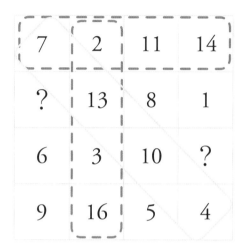

가로줄에 있는 숫자 네 개를 더하고 세로줄에 있는 네 개의 숫자들도 더해 본다. 대각선에 있는 숫자들도 더해 본다. 더한 값은 34로 모두 같다. 이렇게 가로줄, 세로줄, 대각선에 있는 숫자들을 더한 값이 같아지도록 숫자를 찾으면 된다.

1) 첫째 가로줄에는 어떤 숫자들이 있어요? 문장을 완성해서 답해 보세요.

   첫째 가로줄에는 _____ .

2) 위에서 두 번째 줄에 있는 물음표 칸에는 어떤 숫자가 들어가요? 대답하는 말을 문장으로 써 보세요.

   _____ .

2. 숫자판을 보면서 엠마와 장위가 나눈 대화를 완성해 봅시다.

엠마: 먼저 위에서 두 번째 줄에 있는 물음표 칸을 보자. 세로줄에 함께 나오는

   7, 6, 9를 먼저 _____ 22가 나와.

장위: 이제 34에서 22를 _____ 물음표 칸의 숫자를 찾을 수 있어.

3 계획하고 실행하고

- 어려운 말 익히기
- 부엉이 선생님 또 보기
- 표현해 보기

글쓰기를 위한 계획 알아보기

〈학습 도구 한국어〉 40~41쪽

 어려운 말 익히기: 계획, 개요, 보존

1. 빨간색으로 표시된 낱말의 의미를 생각하며 따라 써 봅시다.

① 글을 쓰기 전에 중요한 내용을 적어 놓은 계획을 개요라고 부르기도 해요.

② 우리의 문화재를 보존하기 위해 노력해야겠다.

2. 빈칸에 알맞은 낱말을 써 봅시다.

① 대장경판은 잘 ☐☐ 해야 할 문화재야.

나도 문화재를 잘 ☐☐ 하기 위해 노력할래.

② 이번 여름 방학에 무엇을 할지 ☐☐ 을 세웠니?

응. 나는 여름 방학에 줄넘기를 연습할 거야.

3. 문장을 듣고 써 봅시다.

---

4. 빈칸에 공통으로 들어갈 말을 쓰고 읽어 봅시다.

①	이 동화책의 (㉠)이 마음에 들어. 영화에서 중요한 (㉠)을 정리해 보자.	㉠	
②	글의 (㉡)을 표에 정리해 보자. 예전보다 글의 (㉡)이 많이 좋아졌구나.	㉡	

 부엉이 선생님 또 보기: **글쓰기 계획**

5. 표를 보고 물음에 답해 봅시다.

장소	해인사
날짜	20○○년 ○○월 ○○일
㉠	해인사에는 대장경판이 보관되어 있다는 것을 알게 되었다.
생각이나 느낌	우리의 문화재를 보존하기 위해 노력해야겠다.

1) ㉠에 알맞은 말을 써 보세요.

---

2) 생각이나 느낌으로 알맞은 것에 모두 ○표 해 보세요.

① 해인사를 보고 우리 문화재가 자랑스러웠다.

② 우리 문화재에 관심을 가져야겠다고 생각했다.

③ 대장경판이 만들어지게 된 이유에 대해 들어 알게 되었다.

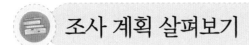
 어려운 말 익히기: 조사, 실행, 파악

1. 의미에 알맞은 낱말을 연결하고 따라 써 봅시다.

실제로 행함.	•	•	조사		
어떤 일이나 대상의 내용을 확실하게 이해하여 앎.	•	•	실행		
어떤 일이나 사물의 내용을 알기 위하여 자세히 살펴보거나 찾아봄.	•	•	파악		

2. 알맞은 말에 ◯표 해 봅시다.

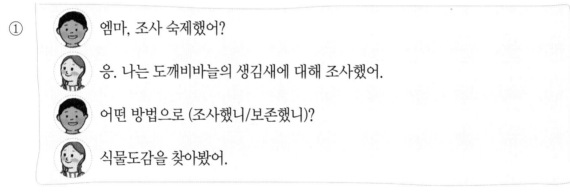

① 엠마, 조사 숙제했어?

응. 나는 도깨비바늘의 생김새에 대해 조사했어.

어떤 방법으로 (조사했니/보존했니)?

식물도감을 찾아봤어.

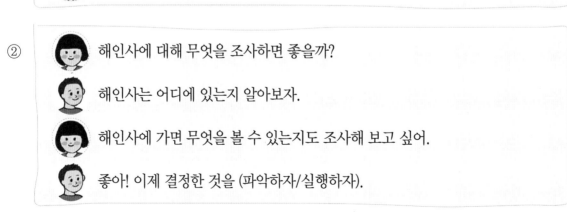

② 해인사에 대해 무엇을 조사하면 좋을까?

해인사는 어디에 있는지 알아보자.

해인사에 가면 무엇을 볼 수 있는지도 조사해 보고 싶어.

좋아! 이제 결정한 것을 (파악하자/실행하자).

3. 의미에 알맞은 낱말과 문장을 연결해 봅시다.

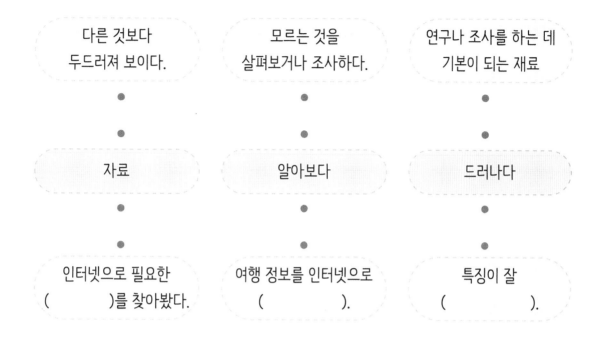

다른 것보다
두드러져 보이다.

모르는 것을
살펴보거나 조사하다.

연구나 조사를 하는 데
기본이 되는 재료

자료

알아보다

드러나다

인터넷으로 필요한
(   )를 찾아봤다.

여행 정보를 인터넷으로
(   ).

특징이 잘
(   ).

4. 조사 계획표를 보고 대화를 완성해 봅시다.

조사 목적	다양한 모습의 식물 뿌리 알아보기
조사 내용	고구마 뿌리와 맹그로브 뿌리의 생김새
조사 방법	식물도감 찾아보기
조사 결과 정리 방법	식물의 뿌리가 잘 드러나는 사진도 함께 붙이기

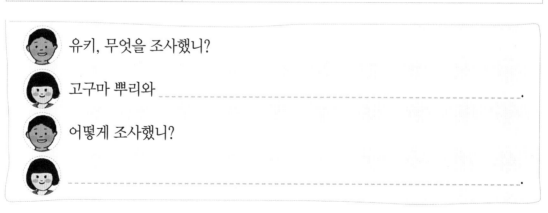

유키, 무엇을 조사했니?

고구마 뿌리와 _____.

어떻게 조사했니?

_____.

5. 조사한 사진과 조사 계획서를 보고 물음에 답해 봅시다.

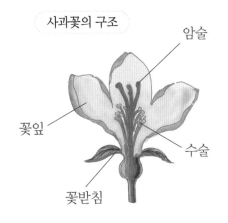

사과꽃의 구조

암술

꽃잎

수술

꽃받침

조사 주제	㉠
조사 목적	사과꽃의 생김새와 하는 일 알아보기
조사 내용	㉡
조사 방법	㉢
조사 결과 정리 방법	사과꽃의 생김새가 잘 드러나는 사진도 함께 붙이기

1) ㉠에 알맞은 말을 써 보세요.

_____

2) ㉡에 알맞은 내용을 고르세요.------------------------------------(　　　)

① 사과꽃의 무게를 알 수 있는 자료

② 사과꽃이 피는 과정을 알 수 있는 자료

③ 사과꽃이 지는 과정을 알 수 있는 자료

④ 사과꽃의 생김새와 하는 일을 파악할 수 있는 자료

3) ㉢의 조사 방법을 바르게 말한 사람을 쓰세요.

유키: 나는 식물도감에서 자료를 찾을 거야.
다니엘: 국어사전에서 필요한 자료를 찾을 수 있어.
엠마: 신문 기사를 보면 필요한 자료가 있을 거야.

(　　　　　　)

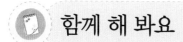 함께 해 봐요

 표현해 보기

1. 묻고 답하기 놀이를 하고 있어요. 대화를 읽고 물음에 답해 봅시다.

> 다니엘: 유키, _____ ⓐ _____?
>
> 유키: 글쓰기 계획을 세웠어.
>
> 다니엘: 보거나 들어서 알게 된 것은 무엇이니?
>
> 유키: 불국사를 만들게 된 이유에 대해 알게 되었어.
>
> 다니엘: 어떤 생각이나 느낌이 들었니?
>
> 유키: _____ ⓑ _____.

1) ⓐ에 알맞은 문장을 고르세요. --(   )

  ① 무엇을 조사했니?

  ② 무슨 일이 있었니?

  ③ 무슨 계획을 세웠니?

  ④ 체험 학습은 어디로 갔니?

2) ⓑ에 알맞은 문장에 ○표 해 보세요.

  ① 우리 문화재가 자랑스러웠어.

  ② 불국사에 석가탑이 있다는 것을 알게 되었어.

2. 위의 대화를 다시 읽고 글쓰기 계획표를 완성해 봅시다.

장소	불국사
보거나 들어서 알게 된 점	

4 나란히 놓고 보면

- 어려운 말 익히기
- 부엉이 선생님 또 보기
- 표현해 보기

공통점과 차이점을 찾는 활동 이해하기 〈학습 도구 한국어〉 52~53쪽

 어려운 말 익히기: 공통점, 차이점

1. 낱말의 의미를 생각하며 따라 써 봅시다.

①

장미와 무궁화는 꽃이라는 　공　통　점　이 있다.

②

사과와 배는 모두 과일이지만 　차　이　점　이 많다.

2. 밑줄에 알맞은 말을 골라 써 봅시다.

공통점이 있다　　　　　차이점이 있다

① 사자와 호랑이는 육식 동물이라는 _____.

② 호랑이는 줄무늬가 있다는 점에서 사자와 _____.

3. 의미에 알맞은 말과 문장을 연결해 봅시다.

전과 다르게 되다.

뒤에 오는 말이
앞의 내용과는 반대임.

•

•

•

•

달라집니다

반면

•

•

•

•

사자는 무리 지어 사는
(   ) 호랑이는 혼자 삽니다.

수사자와 암사자는 자라면서
생김새가 (   ).

4. 그림을 보고 빈칸에 알맞은 말을 써 봅시다.

수사자와 암사자는 자라면서 생김새가 ＿＿＿＿＿＿＿＿＿＿＿＿＿.

다 자란 수사자는 갈기가 있는 ＿＿＿＿＿＿＿ 암사자는 갈기가 없습니다.

차이점을 확인하며 사물을 살펴보기

〈학습 도구 한국어〉 54~57쪽

 어려운 말 익히기: 비교, 입체

1. 빨간색으로 표시된 낱말의 의미를 생각하며 따라 써 봅시다.

①

휴	지		상	자	와		주	사	위	를
비	교	해		보	았	다	.			

②

직	육	면	체	와		정	육	면	체	는
입	체		도	형	이	다	.			

2. 빈칸에 알맞은 낱말을 골라 써 봅시다.

비교   입체

오딜이 두 도형을 (   )하고 있어요. 오딜이 가지고 있는 두 도형은

모두 (   ) 도형이에요.

3. 문장에 알맞은 낱말을 연결하고 따라 써 봅시다.

주사위는 6개의 사각형으로
(   )되어 있어.   •   •   구성

주사위의 (   )는
모두 12개야.   •   •   모서리

4. 보기 와 같이 문장을 만들어 봅시다.

보기

주사위 + 6개 + 사각형 + 구성
→ 주사위는 6개의 사각형으로 구성되어 있어.

① 과자 상자 + 6개 + 사각형 + 구성

→ --

② 냉장고 + 6개 + 면 + 구성

→ --

③ 직육면체 + 12개 + 모서리 + 구성

→ --

④ 정육면체 + 8개 + 꼭짓점 + 구성

→ --

5. 글을 읽고 물음에 답해 봅시다.

> 축구공과 농구공을 비교하여 살펴보자. 축구공과 농구공은 모두 동그란 공 모양이다. 그리고 축구공과 농구공은 (㉠)
>
> 축구공과 농구공에는 몇 가지 차이점도 있다. 축구공은 축구를 할 때 사용한다. 축구공을 발로 차서 드리블을 하거나 골을 넣는다. 축구공은 농구공보다 크기가 작고 가볍다.
>
> ㉡ ㅂㅁㅇ 농구공은 농구를 할 때 사용한다. 손바닥으로 농구공을 치면서 드리블을 한다. 골을 넣을 때는 손으로 농구공을 던진다. 농구공은 축구공보다 크기가 크고 무겁다.

1) ㉠에 알맞은 문장을 고르세요. --(   )

   ① 공의 크기와 무게가 다르다는 차이점이 있다.

   ② 공의 무늬와 색깔이 다르다는 차이점이 있다.

   ③ 6개의 사각형으로 구성되어 있다는 공통점이 있다.

   ④ 운동 경기나 체육 시간에 사용한다는 공통점이 있다.

2) ㉡에 알맞은 말을 써 보세요.

   (   )

3) 글에 나오지 않은 축구공과 농구공의 차이점을 써 보세요.

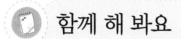 **함께 해 봐요**

〈학습 도구 한국어〉 58~59쪽

 표현해 보기

1. 보기 와 같이 질문과 답을 만들어 봅시다.

보기

질문: 사과와 배의 공통점은 무엇입니까?
답: 사과와 배는 모두 과일입니다.
질문: 사과와 배의 차이점은 무엇입니까?
답: 사과는 빨간색이고 배는 노란색입니다.

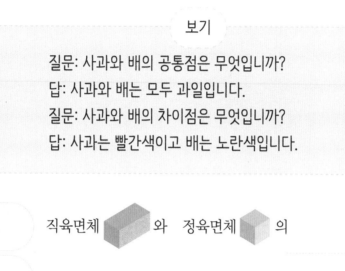

질문 직육면체 ▨ 와 정육면체 ▨ 의

답

질문 직육면체 ▨ 와 정육면체 ▨ 의

답

2. 주변 사물 중에서 두 가지를 골라 비교하는 글을 써 봅시다.

5

어려운 문제일수록

- 어려운 말 익히기
- 부엉이 선생님 또 보기
- 표현해 보기

계산 문제 풀어 보기

〈학습 도구 한국어〉 64~65쪽

 어려운 말 익히기: 구하려면(구하다), 해결

1. 의미에 알맞은 낱말을 연결하고 따라 써 봅시다.

문제에 대한 답이나 수,
양을 알아내다.

•   •   구하다 | | | | |

사건이나 문제, 일 등을
잘 처리해 끝을 냄.

•   •   해결 | | |

2. 빈칸에 알맞은 말을 골라 써 봅시다.

구하는   해결하려면

① 선생님: 환경 오염 문제를 _____ 어떻게 해야 할까요?

  오딜: 쓰레기를 버리면 안 돼요.

② 선생님: 직사각형의 넓이를 _____ 방법이 무엇인지 발표해 보세요.

  엠마: 직사각형의 가로와 세로를 곱해야 합니다.

3. 문장을 듣고 써 봅시다.

------

4. 빈칸에 공통으로 들어갈 낱말을 써 봅시다.

> 애들아, 이 문제를 어떤 ( )으로 풀었어?
>
> 난 직사각형의 넓이를 먼저 구했어.
>
> 난 좀 다른 ( )을 생각해 봤어.

표현해 보기

5. 수학 문제를 해결하는 과정에 알맞은 표현을 연결해 봅시다.

문제 확인하기	바르게 구했는지 확인해 보시오.
문제 해결 방법 찾기	구하려고 하는 것은 무엇인가요?
문제 해결하기	어떤 방법으로 문제를 해결하면 좋을까요?
확인하기	초록 공원의 넓이를 구하시오.

생각을 펼치는 토론 활동 살펴보기

〈학습 도구 한국어〉 66~69쪽

 어려운 말 익히기: 문제점, 반대, 바람직하지(바람직하다)

1. 의미에 알맞은 낱말과 문장을 연결해 봅시다.

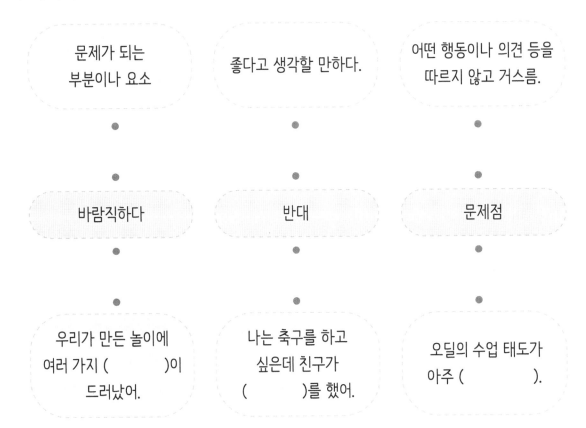

문제가 되는 부분이나 요소	좋다고 생각할 만하다.	어떤 행동이나 의견 등을 따르지 않고 거스름.
바람직하다	반대	문제점
우리가 만든 놀이에 여러 가지 ( )이 드러났어.	나는 축구를 하고 싶은데 친구가 ( )를 했어.	오딜의 수업 태도가 아주 ( ).

2. 빨간색으로 표시된 말의 의미를 생각하며 따라 써 봅시다.

① 친구에 대해 나쁜 말을 하는 것은 바람직하지 않아요.

②

	터	널	을		만	들	면		여	러	
가	지		문	제	점	이		생	겨	서	
나	는		터	널		건	설	에		반	대
해	.										

3. 빈칸에 알맞은 말을 골라 써 봅시다.

반대   반대하는

① 토론이란 생각이 서로 다른 문제에 대해 찬성하는 사람과 (   ) 사람이 옳고 그름을 따지는 것이에요.

② 저는 초등학생이 화장을 하는 것에 (   )합니다. 너무 어린 나이에 화장을 하는 것은 피부에 좋지 않습니다.

 어려운 말 익히기: 찬성, 보호

4. 국어사전의 내용을 읽고 자음자에 알맞은 낱말을 써 봅시다.

ㅂ ㅎ 위험하거나 곤란하지 않게 지키고 보살핌.
㉠ 이건 잔디를 ☐☐하기 위한 안내문이야.

ㅊ ㅅ 다른 사람의 의견이나 생각 등이 좋다고 인정해 뜻을 같이함.
㉠ 의견이 통과되기 위해서는 절반 이상의 ☐☐이 있어야 한다.

5. 대화를 완성해 봅시다.

저는 터널 건설에 반대합니다. 자연환경을 파괴하면서 터널을 만드는 것은 바람직하지 않습니다.

저는 _____ .

터널이 생기면 많은 사람들이 편리하게 생활할 수 있습니다.

부엉이 선생님 또 보기: **토론**

6. 글을 읽고 물음에 답해 봅시다.

생각이 서로 다른 문제가 있을 때는 (　　ㄱ　　)을 통해 해결할 수 있어요. (　　ㄱ　　)이란 생각이 서로 다른 문제에 대해 찬성하는 사람과 반대하는 사람이 옳고 그름을 따지는 것이에요. _____ㄴ_____ 등 찬성과 반대가 나뉘는 주제에 대해 (　　ㄱ　　)을 해요.

1) ㄱ에 알맞은 낱말을 써 보세요.

2) ㄴ에 알맞은 주제에 모두 ○표 해 보세요.

학교에 휴대 전화를 가져와도 될까?

도서실에서 학습 만화를 읽어도 될까?

친구와 사이좋게 지내야 할까?

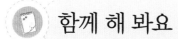

 표현해 보기

1. 빈칸에 알맞은 말을 골라 써 봅시다.

바람직하지	찬성	공부	반대

유키: 저는 도서실에서 학습 만화를 읽는 것에 (   )합니다. 학습 만화라

해도 만화책이므로 학교 도서실에서 읽는 것은 (   ) 않습니다.

오딜: 저는 도서실에서 학습 만화를 읽는 것에 (   )합니다. 학습 만화에는

수업 시간에 필요한 내용도 많아서 (   )에 도움이 됩니다.

2. 어울리는 것끼리 연결해 봅시다.

저는 학교에 휴대 전화를 가져오는 것에 찬성합니다.	사고의 위험이 있고, 자전거를 잃어버릴 수 있습니다.
저는 학교에 자전거를 타고 등교하는 것에 반대합니다.	어린 나이에 화장을 하면 피부에 좋지 않습니다.
저는 초등학생이 화장을 하면 안 된다고 생각합니다.	급한 일이 생기면 부모님께 연락을 할 수 있습니다.
저는 터널 건설에 찬성합니다.	터널이 생기면 많은 사람들이 편리하게 생활할 수 있습니다.

6 수행 평가

- 어려운 말 익히기
- 부엉이 선생님 또 보기
- 표현해 보기

친구들의 작품을 평가하기

〈학습 도구 한국어〉 76~77쪽

 어려운 말 익히기: 작품

1. 그림을 보고 빈칸에 공통으로 들어갈 낱말을 써 봅시다.

①

미술 ☐☐을 완성하고 있어요.

②

10월 5일부터 나래초등학교에서

☐☐ 전시회가 열려요.

③

선생님께서 엠마가 만든

☐☐을 평가하고 계세요.

2. 위의 문장 중 하나를 골라 따라 써 봅시다.

----

3. 의미에 알맞은 낱말을 연결하고 따라 써 봅시다.

사물의 값이나 가치, 수준 등을 따져 정함.
또는 그 값이나 가치, 수준

• • 전시

찾아온 사람들에게 보여 주도록
여러 가지 물품을 한곳에 차려 놓음.

• • 평가

4. 파란색으로 표시된 낱말의 의미를 생각하며 따라 써 봅시다.

	친	구	들	의		작	품	이		전	시	되
어		있	어	요	.	잘	한		작	품	에	
스	티	커	를		붙	여		평	가	해		보
세	요	.										

 표현해 보기

5. 친구가 만든 병풍책을 보고 칭찬할 점을 써 봅시다.

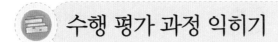 **수행 평가 과정 익히기**

〈학습 도구 한국어〉 78~81쪽

 부엉이 선생님 또 보기: **수행 평가**

1. 내가 해 본 적 있는 수행 평가에 ○표 해 봅시다.

시험지 풀기	과학 실험 결과 쓰기
스스로 평가하기	보고서 쓰기
친구 작품 평가하기	만들기
그림 그리기	멀리뛰기

2. 수행 평가를 볼 때는 어떤 태도를 가져야 할까요? 따라 써 봅시다.

	수	행		평	가	에		집	중	하	여	
최	선	을		다	해	요	.	친	구	와		장
난	치	지		않	아	요	.					

 어려운 말 익히기: 제출, 점검, 태도

3. 빨간색으로 표시된 낱말의 의미를 생각하며 따라 써 봅시다.

①

	친	구	들	이		다		모	였	는	지
인	원		점	검	을		마	치	고		소
풍	을		떠	났	다	.					

②

	숙	제	를		제	출	하	기		위	해
선	생	님	을		찾	아	갔	다	.		

③

	의	자	에		똑	바	로		앉	아
공	부	하	는		태	도	가		좋	구	나	.

4. 의미에 알맞은 낱말을 연결해 봅시다.

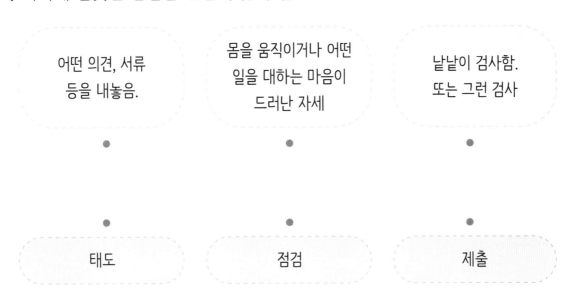

어떤 의견, 서류
등을 내놓음.

몸을 움직이거나 어떤
일을 대하는 마음이
드러난 자세

낱낱이 검사함.
또는 그런 검사

•   •   •

•   •   •

태도   점검   제출

5. 빈칸에 알맞은 말을 골라 써 봅시다.

제출   태도   점검하세요

① 수행 평가지를 (   )하기 전에 틀리거나 빠뜨린 부분이 없는지

꼭 (   ).

② 민이는 친구들을 대하는 (   )가 언제나 훌륭해.

6. 낱말 카드를 사용하여 문장을 만들어 써 봅시다.

어디부터	범위가	어디까지야?	수행 평가

내일 과학 수행 평가 하지?   타이선

유키   응, 맞아.

(   )   타이선

유키

　　과학 교과서 75쪽부터 89쪽까지야.

그렇구나, 알려 줘서 고마워.   타이선

7. 빈칸에 공통으로 들어갈 낱말을 써 봅시다.

① 과학 수행 평가의 ☐☐ 는 어디부터 어디까지야?

② 수행 평가의 ☐☐ 가 너무 넓어서 공부하는 데 시간이 많이 걸린다.

☐☐

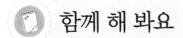 **함께 해 봐요**

 표현해 보기

1. 배운 낱말로 나만의 국어사전을 만들어 봅시다.

낱말	뜻
제출	어떤 의견, 서류 등을 내놓음. 예) 여기에 방학 숙제를 제출하세요.
평가	

2. 친구가 만든 미니북을 보고 칭찬하는 말을 써 봅시다.

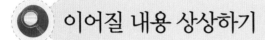

7 독서 기록장

- 어려운 말 익히기
- 표현해 보기

 이어질 내용 상상하기

〈학습 도구 한국어〉 88~89쪽

어려운 말 익히기: 상상

1. 낱말의 의미를 생각하며 따라 써 봅시다.

실제로 없는 것이나 경험하지 않은 것을
머릿속으로 그려 봄.

상	상

2. 문장을 자유롭게 완성해 봅시다.

① 선생님: 할아버지는 순무를 뽑을 수 있었을까요? 다음에 어떤 내용이 나올까요?

　　　　이어질 내용을 _____.

② 선생님: 오늘은 내가 상상한 미래의 나의 모습을 발표해 보겠습니다.

학생: 저는 _____ 이/가 된 저의 모습을 _____ 해 보았습니다.

3. 파란색으로 표시된 낱말의 의미를 생각하며 따라 써 봅시다.

낱	말		카	드	를		떨	어	뜨	려	서
모	두		섞	여		버	렸	어	요	.	다	시
순	서	대	로		정	리	해	야		해	요	.

4. 빈칸에 알맞은 낱말을 써 봅시다.

다음은 청소를 하는 (   )입니다. 청소를 할 때는 먼저 창문을 열고, 먼지를 털어야 합니다. 그리고 빗자루로 바닥을 쓸고, 걸레질을 합니다.

 표현해 보기

5. 〈학습 도구 한국어〉 89쪽 2)번에서 상상한 내용을 써 봅시다.

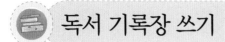

 어려운 말 익히기: 관점, 재구성, 배경, 창의적

1. 의미에 알맞은 낱말을 연결하고 따라 써 봅시다.

어떤 것을 보고 생각하는 개인의 입장 또는 태도	재구성	
지금까지 없던 새로운 것이 나타나 있는 것	관점	
한 번 구성하였던 것을 다시 새롭게 구성함.	창의적	
사건이나 사람 등과 관계있는 주변 상황	배경	

2. 문장을 듣고 써 봅시다.

①

②

③

3. 파란색으로 표시된 말의 의미를 생각하며 따라 써 봅시다.

①

그	림	,	조	각	,	소	설		등	은
모	두		작	품	이	에	요	.		

②

	바	꾼	다	는		것	은		원	래	의
모	습	과		다	르	게		만	든	다	는
것	이	에	요	.							

4. 그림을 보고 빈칸에 알맞은 말을 골라 써 봅시다.

작품   바꾸어

　　유키는 오늘 《돼지책》을 읽었어요. 책을 다 읽고 나서 책의 제목을 (　　　　　)

보기로 했어요. 여러 가지 동물 중에 열심히 일하는 '개미'를 골라 책의 제목을

《개미책》으로 (　　　　　　　) 보았어요. (　　　　　　　)의 제목이 바뀌면

표지도 바뀌어요. 유키는 개미 그림을 그려 표지를 꾸몄어요.

5. 《돼지책》을 읽고 독서 기록장을 써 봅시다.

1) 나라면 어떤 기분이 들었을까요? 피곳 부인이나 피곳 씨가 되어 써 보세요.

2) '돼지책'의 제목으로 삼행시를 지어보세요.

돼	돼지들이 나오는 책이에요.
지	
책	

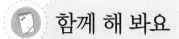 함께 해 봐요

 표현해 보기

1. '이야기 만들기' 놀이를 하고 있어요. 대화를 읽고 물음에 답해 봅시다.

> 오딜: 먼저 가위바위보로 순서를 정하자.
>
> 서영: 좋아. 순서를 다 정했으면 우리 함께 '이야기 시작'을 읽어 볼까?
>
> 타이선: 그럼 이제 나부터 카드를 뽑을게. (운동화 카드를 내려놓으며) 거북이가 대답했어요. 나는 이 (㉠   )만 신으면 너보다 더 빨리 달릴 수 있어.
>
> 유키: (생쥐 카드를 내려놓으며) 지나가던 (㉡   )가 둘이 달리기 시합을 해 보라고 말했어요.
>
> 오딜: (시계 카드를 내려놓으며) 생쥐는 시계를 꺼내 보이며 ＿＿＿＿＿＿＿＿.
>
> 서영: (사과 바구니 카드를 내려놓으며) ＿＿＿＿＿＿＿＿.

1) 친구들이 가위바위보로 순서를 정했어요. 순서대로 이름을 써 보세요.

(   ) → (   ) → (   ) → (   )

2) ㉠과 ㉡에 알맞은 말을 찾아 써 보세요.

㉠ (   )   ㉡ (   )

2. 이야기가 어떻게 이어질까요? 오딜과 서영의 말을 완성해 봅시다.

 생쥐는 시계를 꺼내 보이며 ＿＿＿＿＿＿＿＿.

＿＿＿＿＿＿＿＿.

여러 가지 가지런히

- 어려운 말 익히기
- 부엉이 선생님 또 보기
- 표현해 보기

🔘 기준을 세워 분류하기

〈학습 도구 한국어〉 100~101쪽

 어려운 말 익히기: 분류, 기준

1. 그림에 알맞은 낱말과 문장을 연결하고 따라 써 봅시다.

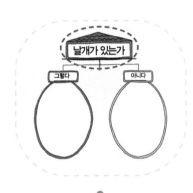

분류

기준

동물을 사는 곳에 따라
( )했어요.

어떤 ( )으로
나누었는지 발표해 봅시다.

2. 보기 와 같이 문장을 만들어 봅시다.

보기

동물 + 다리의 개수 + 분류하다
→ 동물을 다리의 개수에 따라 <u>분류해요.</u>

① 과일 + 색깔 + 분류하다

→ ....

② 동물 + 사는 곳 + 분류하다

→ ....

③ 사물 + 모양 + 분류하다

→ ....

 어려운 말 익히기: 용액

3. 파란색으로 표시된 낱말의 의미를 생각하며 따라 써 봅시다.

두		가	지		이	상	의		물	질	이
섞	인		액	체	를		용	액	이	라	고
해	요	.									

4. 빈칸에 공통으로 들어갈 낱말을 써 봅시다.

① 묽은 염산, 설탕물, 비눗물 등 여러 가지 (   )을 분류해 봅시다.

② 소금과 물을 섞어서 소금물 (   )을 만들어 보았어요.

분류의 방법으로 설명하기

〈학습 도구 한국어〉 102~105쪽

 어려운 말 익히기: 도구, 나눌(나누다), 묶는(묶다)

1. 의미에 알맞은 낱말을 연결하고 따라 써 봅시다.

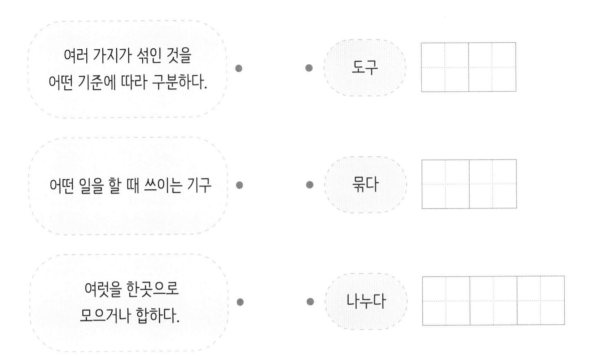

여러 가지가 섞인 것을
어떤 기준에 따라 구분하다.   •   •   도구

어떤 일을 할 때 쓰이는 기구   •   •   묶다

여럿을 한곳으로
모으거나 합하다.   •   •   나누다

2. 빈칸에 알맞은 말을 골라 써 봅시다.

묶어   묶고   나눌

① 선사 시대를 시기에 따라 어떻게 (   ) 수 있어요?

② 하늘에 사는 동물끼리 (   ) 보세요.

③ 같은 모양끼리 (   ), 발표해 보세요.

3. 그림을 보고 빈칸에 공통으로 들어갈 낱말을 써 봅시다.

청소 ⬜⬜　　　요리 ⬜⬜　　　응원 ⬜⬜

 어려운 말 익히기: 설명하고(설명하다), 정리

4. 파란색으로 표시된 말의 의미를 생각하며 따라 써 봅시다.

① 선생님께서　어려운　문제를　알기　쉽게　설명해　주셨어요.

② 오늘　배운　내용을　공책에　정리했어요.

5. 대화를 완성해 봅시다.

이 글은 무엇을 설명하고 있어?

악기의 종류

전통음악에 사용되는 국악기는 상고 시대를 전후해서부터 우리나라에서 만들어져 전해오는 고유한 악기.

부엉이 선생님 또 보기: **분류**

6. 대화를 읽고 물음에 답해 봅시다.

 '선사 시대의 유물' 글을 읽었어?

 응, 글에 나오는 유물들을 분류하며 읽어 보았어.

 분류가 뭐야?

 일정한 기준을 정한 뒤에 그 기준에 따라 같은 것끼리 묶는 것을 분류라고 해.

 구석기 시대의 도구는 구석기 시대의 도구끼리 묶는 거구나.

 그렇지. 분류의 방법으로 설명하면 여러 가지를 종류별로 정리해서 이해하기 쉬워.

1) 분류란 무엇인지 설명한 내용에 밑줄을 그어 보세요.

2) 분류의 방법으로 설명하면 어떤 점이 좋은지 써 보세요.

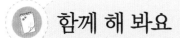

 표현해 보기

1. '분류 판을 채워라' 놀이를 하고 있어요. 물음에 답해 봅시다.

> 엠마: 분류 판을 살펴보자. 우리 분류 판에는 동물 이름이 있어. 어떤
> (   )에 따라 분류했을까?
> 장위: '먹이'에 따라 분류했어.
> 오딜: 토끼는 초식 동물이야. 코끼리도 초식 동물이야. 초식 동물에는 또
> 무엇이 있을까?
> 다니엘: 사슴도 있어. 초식 동물에는 토끼, 코끼리, 사슴 등이 있어.
> 장위: 그럼 육식 동물에는 어떤 동물들이 있을까?

1) 빈칸에 들어갈 낱말을 써 보세요.

2) 초식 동물에는 어떤 동물들이 있는지 써 보세요.

2. 분류 판을 완성해 봅시다.

빨간색	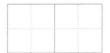	
딸기	개나리	나팔꽃
토마토	참외	제비꽃
소방차	해바라기	가지
장미		

9 관찰 보고서

• 어려운 말 익히기
• 부엉이 선생님 또 보기
• 표현해 보기

🔍 관찰한 것을 말로 표현하기

〈학습 도구 한국어〉 112~113쪽

 어려운 말 익히기: 표면, 확대

1. 의미에 알맞은 낱말을 연결하고 따라 써 봅시다

어떤 사물의 가장 바깥쪽이나 위쪽	•	•	표면		

원래의 모습이나 크기보다 더 크게 하는 것	•	•	확대		

2. 현미경을 이용해서 양파 속껍질을 보고 있어요. 빈칸에 알맞은 낱말을 써 봅시다.

①

양파를 자세히 보려면 양파 속껍질의

(   )을 아주 얇게 벗겨야 한다.

②

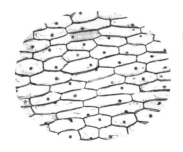

양파 속껍질의 세포를 크게

(   )해서 살펴보았다.

3. 빈칸에 공통으로 들어갈 낱말을 쓰고 읽어 봅시다.

> 양파를 관찰할 때 우리는 현미경이나 돋보기를 사용합니다. 현미경과 돋보기는 관찰 (ㄷㄱ)입니다. 공책에 중요한 것을 쓸 때는 필기 (ㄷㄱ)를 사용합니다. 연필, 볼펜, 지우개 등입니다. 우리가 어떤 일을 할 때 쓰는 물건을 (ㄷㄱ)라고 합니다. (ㄷㄱ)는 우리가 어떤 일을 쉽게 할 수 있게 도와줍니다.

4. 어울리는 말을 찾아 써 봅시다.

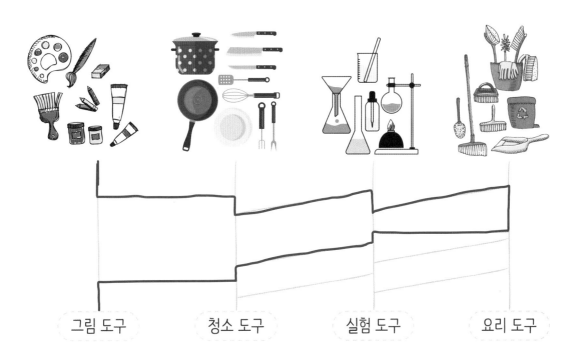

그림 도구 　　　 청소 도구 　　　 실험 도구 　　　 요리 도구

① 청소 당번은 ( )를 가지고 오세요.

② 새 ( )를 사서 미술 시간이 기다려진다.

③ ( )를 사용한 후에는 깨끗이 닦아야 한다.

④ 과학 ( )를 사용하기 전에 선생님의 설명을 잘 들어야 한다.

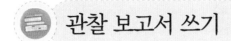 관찰 보고서 쓰기

〈학습 도구 한국어〉 114~117쪽

 어려운 말 익히기: 대상, 작성, 변화, 탐색

1. 의미에 알맞은 낱말과 문장을 연결해 봅시다.

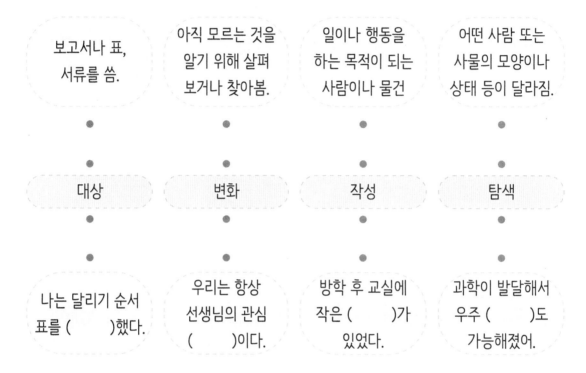

보고서나 표, 서류를 씀.

아직 모르는 것을 알기 위해 살펴보거나 찾아봄.

일이나 행동을 하는 목적이 되는 사람이나 물건

어떤 사람 또는 사물의 모양이나 상태 등이 달라짐.

대상   변화   작성   탐색

나는 달리기 순서 표를 (   )했다.

우리는 항상 선생님의 관심 (   )이다.

방학 후 교실에 작은 (   )가 있었다.

과학이 발달해서 우주 (   )도 가능해졌어.

2. 관찰하는 순서에 따라 빈칸에 알맞은 낱말을 골라 써 봅시다.

대상   변화   작성   탐색

다니엘은 달의 모양을 관찰 (   )으로 하였다.

⇩

매일 밤 달의 모양 (   )를 관찰했다.

⇩

여러 날 동안 달을 관찰하고 보고서를 (   )했다.

⇩

달을 관찰한 후 달에 직접 가서 (   )하고 싶은 마음이 생겼다.

3. 낱말에 알맞은 문장을 연결하고 따라 써 봅시다.

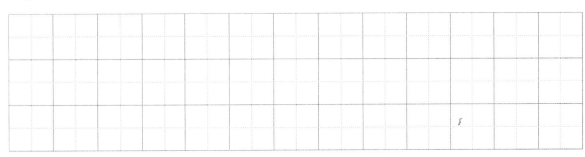

실행 •

완성 •

• 개미를 잘 살펴보고 관찰 보고서를 (   )해 봅시다.

• 관찰할 대상을 살펴보며 관찰을 (   )한다.

①

②

4. 빈칸에 알맞은 낱말을 골라 써 봅시다.

실행   완성

① 생각은 쉽지만 (   )은 어렵다.

② 보고서 (   )은 언제까지예요?

③ 어제부터 그린 그림을 오늘 (   )했다.

④ 엠마는 하고 싶은 일은 미루지 않고 바로 (   )한다.

5. 관찰 보고서예요. 빈칸에 알맞은 말을 골라 써 봅시다.

> 관찰 기간   관찰 대상   관찰 시간   관찰 장소   관찰한 내용   관찰한 사람

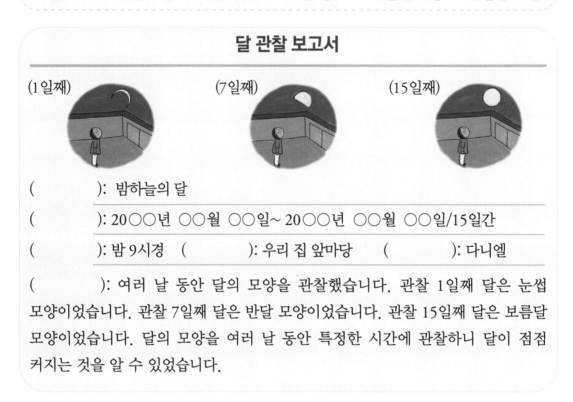

달 관찰 보고서

(1일째)   (7일째)   (15일째)

(   ): 밤하늘의 달

(   ): 20○○년 ○○월 ○○일~ 20○○년 ○○월 ○○일/15일간

(   ): 밤 9시경   (   ): 우리 집 앞마당   (   ): 다니엘

(   ): 여러 날 동안 달의 모양을 관찰했습니다. 관찰 1일째 달은 눈썹 모양이었습니다. 관찰 7일째 달은 반달 모양이었습니다. 관찰 15일째 달은 보름달 모양이었습니다. 달의 모양을 여러 날 동안 특정한 시간에 관찰하니 달이 점점 커지는 것을 알 수 있었습니다.

 표현해 보기

6. 관찰 보고서를 읽고 대화를 완성해 봅시다.

솔방울 관찰 보고서

관찰 대상: 솔방울

관찰 장소: 학교 화단

관찰한 사람: 리암

관찰한 내용: 솔방울은 나무껍질 조각 같은 것이 겹겹이 붙어 있는 모양이다.

엠마: 넌 무엇을 관찰했어?

리암: 나는 _____.

엠마: 어디에서 관찰했어?

리암: _____

엠마: 솔방울 모양은 어떻게 생겼어?

리암: _____

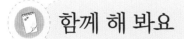 **함께 해 봐요**

 표현해 보기

1. 그림에 알맞은 말을 골라 기호를 써 봅시다.

(   ) (   ) (   ) (   ) (   )

> ㉠ 눈을 감고 있어.
>
> ㉡ 오른쪽 다리는 들고 있어.
>
> ㉢ 얼굴은 옆을 보고 있어야 해.
>
> ㉣ 왼손을 들고 하늘을 가리키고 있어.
>
> ㉤ 왼손 두 번째 손가락만 펴고 나머지는 쥐고 있어.

2. 그림을 보고 빈칸에 알맞은 낱말을 골라 써 봅시다.

> 감고   들고   보고   쥐고   펴고

> 얼굴은 앞을 (   ) 있어.
>
> 눈을 (   ) 있어.
>
> 양손을 (   ) 있어.
>
> 왼손은 두 번째 손가락과 세 번째
>
> 손가락만 (   ) 나머지는
>
> (   ) 있어.

10 예상할 수 있는 일

• 어려운 말 익히기
• 부엉이 선생님 또 보기
• 표현해 보기

짐작한 내용 쓰기

〈학습 도구 한국어〉 124~125쪽

 어려운 말 익히기: 참고

1. 빈칸에 공통으로 들어갈 낱말을 쓰고 읽어 봅시다.

① (ㅊ ㄱ) 자료를 보면 더 많은 것을 알 수 있어요.
② 떡볶이를 만들 때 인터넷 블로그를 (ㅊ ㄱ)했어요.
③ 휴대 전화의 지도 앱을 (ㅊ ㄱ)해서 박물관에 갔어요.

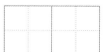

2. 빨간색으로 표시된 낱말의 의미를 생각하며 따라 써 봅시다.

① 참고 자료를 찾아서 보고서에 붙였다.

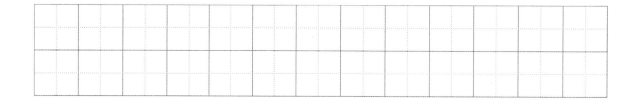

② 선생님께서 보여 주신 그림을 참고하였다.

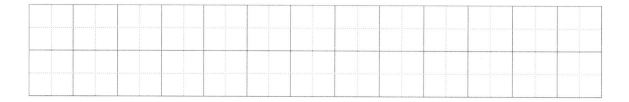

어려운 말 익히기: 이용, 환경, 의생활, 식생활, 주생활

3. 낱말을 듣고 쓰세요. 그리고 알맞은 문장과 연결해 봅시다.

온돌은 한국의 전통적인
(   ) 모습이다.

(   )을 이용해서 먹을 것을
찾을 것 같아.

기후에 따라 (   )의 모습은
크게 달라진다.

건강한 (   )은 여러 가지 음식을
골고루 먹는 것이다.

주변의 물건을 (   )해서
음악을 만들어 보자.

4. 빈칸에 알맞은 낱말을 골라 써 봅시다.

이용   환경   의생활   식생활   주생활

① 규칙적인 (   )과 운동으로 건강이 좋아졌어요.

② (   )을 보호하려면 종이컵 대신 컵을 사용하세요.

③ 다른 나라 사람들의 옷을 보고 (   )을 추측할 수 있어요.

④ 다 마신 페트병을 (   )해 필통을 만들 수도 있을 것 같아.

⑤ 더운 지역과 추운 지역의 집을 보면 (   )에 차이가 있어요.

5. 어울리는 것끼리 연결해 보세요. 그리고 써 봅시다.

우리 고장은	• •	건강이 좋아졌다.
옛날과 요즘은	• •	자연환경이 아름답다.
나는 공부할 때	• •	주생활이 많이 달라졌다.
이번 보고서 내용은	• •	'세계 여러 나라의 의생활'이다.
식생활을 바꾸고 나서	• •	휴대 전화를 이용해서 낱말의 뜻을 찾는다.

① _____ .

② _____ .

③ _____ .

④ _____ .

⑤ _____ .

 표현해 보기

6. 그림을 보고 대화에 알맞은 말에 ○표 해 봅시다.

엠마: ㉠친구가 사는 곳의 날씨는 어떨까?
유키: 티셔츠와 바지가 짧은 걸 보니
　　　(더울/추울) 것 같아.
엠마: 그럼 ㉡친구가 사는 곳의 날씨는
　　　어떨까?
유키: 따뜻한 옷을 입었으니까
　　　(더울/추울) 것 같아. 눈도 많이
　　　(올/떨어질) 것 같아.

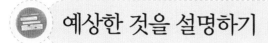 **예상한 것을 설명하기**

〈학습 도구 한국어〉 126~129쪽

 어려운 말 익히기: 예상, 결과, 평균

1. 의미에 알맞은 낱말과 문장을 선으로 연결해 봅시다.

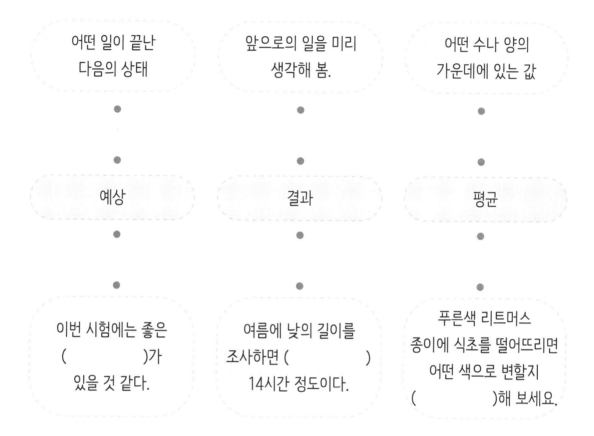

어떤 일이 끝난 다음의 상태

앞으로의 일을 미리 생각해 봄.

어떤 수나 양의 가운데에 있는 값

예상

결과

평균

이번 시험에는 좋은 (   )가 있을 것 같다.

여름에 낮의 길이를 조사하면 (   ) 14시간 정도이다.

푸른색 리트머스 종이에 식초를 떨어뜨리면 어떤 색으로 변할지 (   )해 보세요.

2. 빈칸에 알맞은 낱말을 골라 써 봅시다.

예상   결과   평균

① 축구 대표 팀의 경기 결과를 (   )해 보세요.

② 우리 반 친구들의 키는 (   ) 155센티미터입니다.

③ 해가 진 시각에서 해가 뜬 시각을 뺀 (   )가 낮의 길이라고 할 수 있다.

3. 다음을 읽고 예상해서 말하는 사람의 이름을 써 봅시다. (   )

> 오딜: 오늘 날씨가 흐린 것을 보니 내일은 비가 올 것 같아.
>
> 유키: 엠마는 이번 주 토요일에 같이 축구를 하기로 나랑 약속했어.
>
> 엠마: 푸른색 리트머스 종이에 식초를 떨어뜨리니까 붉은색이 되었어.
>
> 준서: 1조와 2조가 축구를 하면 항상 1조가 이겼는데 오늘도 1조가 이겼어.

4. 어울리는 것끼리 연결해 보세요. 그리고 써 봅시다.

미래에는 ●	● 내일 학교에 못 갈 것 같다.
눈이 많이 와서 ●	● 운동회에서 1등을 할 것 같다.
동생이 감기가 심해서 ●	● 우주여행을 할 수 있을 것 같다.
달리기 연습을 열심히 했으니까 ●	● 눈사람을 만들 수 있을 것 같다.

① _____ .

② _____ .

③ _____ .

④ _____ .

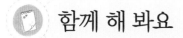
 표현해 보기

1. 탐정 놀이를 하고 있어요. 그림을 보고 알맞은 말을 골라 써 봅시다.

'안나'인   장난을 친   실수를 하신

유키: 왜 이런 일이 생겼을까?

다니엘: 엠마의 어머니가 _____

             것 같아.

유키: 내 생각에는 엠마 동생 이름이

                            것 같아.

다니엘: 아! 그럼 안나가 _____

             것 같아.

2. 그림을 보고 예상할 수 있는 것을 골라 빈칸에 써 봅시다.

물이 쏟아진   창문을 닫지 않은
오늘은 일요일인   시계가 고장이 난

① 컵이 넘어져서 _____ 것 같아.   ③ _____ 것 같아.

② 비가 왔는데 _____ 것 같아.   ④ _____ 것 같아.

11 요약과 기록

- 부엉이 선생님 또 보기
- 어려운 말 익히기
- 표현해 보기

🔍 내용을 요약하여 설명하기

<학습 도구 한국어> 136~137쪽

 부엉이 선생님 또 보기: **요약**

1. 다음 문장을 따라 써 봅시다.

> 요약은 긴 글을 짧게 줄여서 내용을 간추리는 것이에요.

（빈칸 표）

2. 다음을 읽고 알맞은 것을 골라 봅시다. ------------------------------ (   )

베트남의 뗏

　베트남의 뗏은 음력 1월 1일이다. 한국의 설날과 같은 날로 베트남의 대표적인 명절이다. 이날은 친척과 이웃을 방문해 서로 좋은 말을 나누고 아이들에게 용돈도 준다. 사람들은 뗏 하루 전날 대청소를 하고 새해를 맞는다. 이날은 제사도 지낸다. 또 '반뗏'이라는 떡도 먹는다. 반뗏은 밥 사이에 바나나를 넣고 바나나 잎으로 겉을 싼 음식이다.

① 뗏에 대청소를 하고 새해를 맞는다.

② 뗏은 밥과 바나나로 만든 음식이다.

③ 사람들은 뗏에 친척과 이웃을 만나러 간다.

④ 베트남의 뗏은 한국의 설날과 날짜가 다르다.

3. 다음을 읽고 물음에 답해 봅시다.

중국의 중추절

중국의 중추절은 음력 8월 15일이다. 한국에 추석이 있다면 중국에는 중추절이 있다. 춘절, 청명절, 단오절과 함께 중국의 4대 명절 중 하나라고 한다. 한국의 추석에 해당한다. 중추절이란 가을의 중간에 있다는 뜻이라고 한다. 중추절에는 달맞이를 간다. 달을 보고 소원도 빌고 향을 피우고 제사도 지낸다. 중추절에 먹는 대표적인 음식은 월병이다. 월병은 달 모양의 떡을 말한다.

1) 대화를 완성해 보세요.

장위: 서영아, 중추절을 아니?
서영: 중추절이 뭐야?
장위: _____ 중 하나야.
서영: 중추절은 몇 월 며칠이야?
장위: _____ 이야.
서영: 중추절이라는 말은 무슨 뜻이야?
장위: _____ 뜻이야.
서영: 중추절에는 무슨 일을 해?
장위: (   )를 가. 그리고 (   )도 먹어.

2) 요약하는 글을 완성해 보세요.

중국의 중추절

중추절은 중국의 _____ 이다. 중추절은 음력 _____ 이다. 중추절이라는 말은 _____ 뜻이라고 한다. 중추절에는 _____ 를 가고 _____ 도 먹는다. 중추절에 먹는 월병은 _____ 이다.

중요한 내용을 찾아 기록하기

〈학습 도구 한국어〉 138~141쪽

 어려운 말 익히기: 단순, 구조, 불가능, 수단, 대부분

1. 의미에 알맞은 낱말을 연결하고 따라 써 봅시다.

복잡하지 않고 간단함. •   • 구조 ☐☐

할 수 없거나 될 수 없음. •   • 단순 ☐☐

무엇을 하기 위한
방법이나 도구 •   • 수단 ☐☐

여러 부분이 서로 어울려
전체를 만듦. •   • 대부분 ☐☐☐

절반이 훨씬 넘어 전체에
가까운 수나 양 •   • 불가능 ☐☐☐

2. 빈칸에 알맞은 낱말을 써 봅시다.

 세균과 바이러스

세균은 하나의 세포로 되어 있어 동물이나 식물보다 훨씬 (   )한 구조이다.
세균은 아주 작은 생물로, 살기에 적당한 환경에서는 그 수를 빠르게 늘리며 퍼진다.
그러나 바이러스는 증식이 (   )하고 세포 속에 들어가서 세포의 성질을 바꾸어
버린다. 세포를 바이러스 자신이 사는 (   )으로 만든다. 그리고 세균은 유익한 것과
해로운 것이 있는 반면에, 바이러스는 해로운 것이 (   )이다. 바이러스는 세균보다
그 (   )가 더 단순하고 크기도 훨씬 작아서 특별한 현미경으로만 관찰할 수 있다.

3. 의미에 알맞은 말과 문장을 연결해 봅시다.

사물이 가지고 있는 본래의 성격	다른 것에 비해 특별히 달라 눈에 띄는 점	기준이나 조건이 부족하거나 넘치지 않고 알맞음.	미래에 남기려고 어떤 사실이나 생각을 쓰거나 사진, 영상 등을 찍음.
●	●	●	●

●	●	●	●
기록	성질	적당한	특징
●	●	●	●

나의 하루를 일기장에 ( )했다.	초등학생에게 ( ) 운동 시간은 30분~ 1시간이다.	물은 높은 곳에서 낮은 곳으로 흐르는 ( )을 가지고 있다.	한국 음식은 다른 나라에 비해 매운 음식이 많다는 ( )이 있다.

4. 빈칸에 알맞은 말을 골라 써 봅시다.

> 기록   성질   특징   적당한

① 지민이가 요약해서 (   )한 것을 찾아봅시다.

② 코끼리는 코가 아주 길다는 (   )을 가지고 있다.

③ 바이러스는 세포 속에 들어가서 세포의 (   )을 바꾸어 버린다.

④ 세균은 살기에 (   ) 환경에서는 그 수를 빠르게 늘리며 퍼진다.

5. 알맞은 말을 골라 대화를 완성해 봅시다.

> 생각하고 느끼고 본 것   어떤 사실이나 생각을 글로 적어 남기는 것

엠마: 선생님, 기록이 뭐예요?

선생님: 기록은 _____ 이야.

엠마: 그럼 일기도 기록이에요?

선생님: 당연하지. 오늘 있었던 일이나 생각을 기록하는 것이 일기니까.

엠마: 이번 방학에 여행을 가면 _____ 을 기록해야겠어요.

선생님: 참 좋은 생각이구나. 이번 여행을 더 오래 기억할 수 있겠는데?

6. 다음 관찰 과정에서 '기록'을 골라 봅시다. ---------------------- (   )

② 매일 선인장을 살펴보았다.

① 관찰할 대상을 선인장으로 정했다.

③ 관찰 보고서를 작성했다.

④ 친구들 앞에서 관찰 보고서를 발표했다.

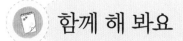

 표현해 보기

1. 다음을 읽고 대화를 완성해 봅시다.

세균과 바이러스

세균은 아주 작은 생물로, 살기에 적당한 환경에서는 그 수를 빠르게 늘리며 퍼진다. 우유에 유산균을 넣고 한나절 정도 지나면 우유가 모두 유산균 음료로 변하는 것을 볼 수 있다. 세균은 이와 같이 수를 늘리는 증식을 한다. 그러나 바이러스는 증식이 불가능하고 세포를 바이러스 자신이 사는 수단으로 만든다.

그리고 세균은 유익한 것과 해로운 것이 있는 반면에, 바이러스는 해로운 것이 대부분이다. 바이러스는 세균보다 그 구조가 더 단순하고 크기도 훨씬 작아서 특별한 현미경으로만 관찰할 수 있다.

엠마: 세균은 살기에 적당한 환경에서는 _____.

유키: 하지만 바이러스는 _____.

오딜: 세균은 유익한 것도 있지만 바이러스는 _____.

장위: 바이러스는 _____.

엠마: 세균과 바이러스는 정말 다르구나.

2. 완성한 대화를 보고 글을 요약해 봅시다.

_____

_____

_____

여러 가지 비교 활동

- 어려운 말 익히기
- 부엉이 선생님 또 보기
- 표현해 보기

 여러 가지 크기를 비교하여 이해하기 〈학습 도구 한국어〉 148~149쪽

어려운 말 익히기: 정확히, 비슷하다

1. 그림을 보고 빈칸에 알맞은 말을 써 봅시다.

① 캐나다와 미국은 영토의 크기가

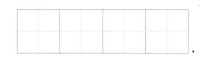

.

② 지도의 그림만으로는 영토의 크기를

비교하기 힘들다.

2. 빈칸에 공통으로 들어갈 말을 쓰고 읽어 봅시다.

① 전학 간 친구의 이름이 (　　ㄱ　　) 기억나지 않았다.

시계의 두 바늘이 (　　ㄱ　　) 숫자 12를 가리키면 12시이다.

ㄱ

② 친구와 나의 수학 실력은 (　　　ㄴ　　　).

미술 시간에 짝과 내가 그린 그림이 (　　　ㄴ　　　).

3. 의미에 알맞은 낱말을 연결하고 따라 써 봅시다.

사물의 부피, 넓이, 양
등이 큰 정도 ●　　　● 크기

어떤 일이나 과정이 끝난
후의 상태나 현상 ●　　　● 결과

말이나 글에서 중요한 것을
골라 짧게 만듦. ●　　　● 요약

4. 빈칸에 알맞은 말을 골라 써 봅시다.

크기　　결과　　요약했다

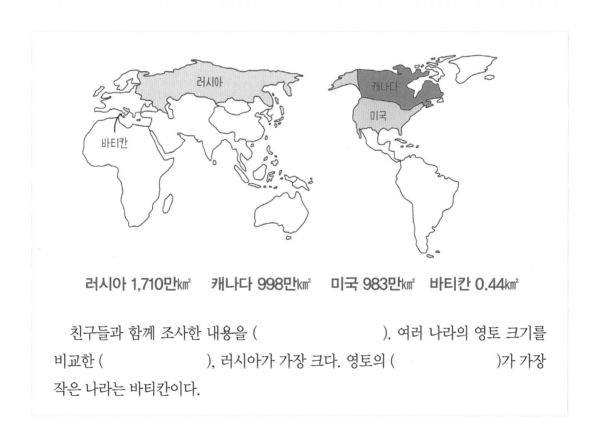

러시아 1,710만㎢　　캐나다 998만㎢　　미국 983만㎢　　바티칸 0.44㎢

　　친구들과 함께 조사한 내용을 (　　　　　　　　). 여러 나라의 영토 크기를 비교한 (　　　　　　　), 러시아가 가장 크다. 영토의 (　　　　　　　)가 가장 작은 나라는 바티칸이다.

중요한 특징을 찾아 서로 비교하기 〈학습 도구 한국어〉 150~153쪽

 어려운 말 익히기: 특징, 반면, 형태

1. 의미에 알맞은 낱말과 문장을 연결해 봅시다.

사물의 생긴 모양 | 뒤에 오는 말이 앞의 내용과는 반대임. | 다른 것에 비해 특별히 달라 눈에 띄는 점

특징 | 반면 | 형태

코끼리는 긴 코가 (   )이에요. | 교실 청소는 힘든 (   ) 보람이 있다. | 책상의 (   )는 여러 가지이다.

2. 빈칸에 알맞은 낱말을 골라 써 봅시다.

특징   반면   형태

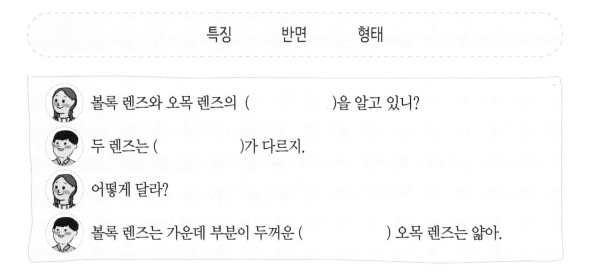

볼록 렌즈와 오목 렌즈의 (   )을 알고 있니?

두 렌즈는 (   )가 다르지.

어떻게 달라?

볼록 렌즈는 가운데 부분이 두꺼운 (   ) 오목 렌즈는 얇아.

3. 파란색으로 표시된 낱말의 의미를 생각하며 따라 써 봅시다.

① 병에 담긴 물이 모두 쏟아졌다.

② 수업 시간마다 공부하는 내용이 다르다.

③ 농촌의 모습을 살펴보았다.

4. 빈칸에 공통으로 들어갈 말을 쓰고 읽어 봅시다.

① 볼록 렌즈를 통해 본 물체의 (　㉠　)입니다.　㉠
준서는 아버지의 어릴 때 (　㉠　)과 닮았다.

② 내 옷과 친구의 옷은 색깔이 (　㉡　).　㉡
볼록 렌즈와 오목 렌즈는 형태가 (　㉡　).

③ 우리 (　㉢　) 함께 노래를 부릅시다.　㉢
볼록 렌즈와 오목 렌즈는 (　㉢　) 투명해.

5. 글을 읽고 물음에 답해 봅시다.

> 여러 개의 대상을 살펴보고 같은 점, 다른 점, 비슷한 점을 찾는 것을 비교라고
> 해요. 비교할 때는 대상의 모양, 쓰임, 성질 등을 다양하게 살펴보는 것이 좋아요.

1) 그림을 보고 무엇을 하고 있는지 고르세요.--------------------------------(   )

> 산소는 색깔과 냄새가 없어.
> 이산화탄소는 눈에 보이지 않고
> 냄새도 없어.

① 계획   ② 비교

③ 어림   ④ 요약

2) 산소와 이산화탄소의 특징을 비교하는 글을 써 보세요.

	산소	이산화탄소
특징	색깔과 냄새가 없음. 불꽃을 타오르게 함.	색깔과 냄새가 없음. 불꽃을 꺼지게 함.

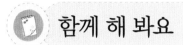 **함께 해 봐요**

 표현해 보기

1. '같아요, 달라요' 놀이를 하고 있어요. 대화를 읽고 물음에 답해 봅시다.

> 준서: 우리 주변에서 _____㉠_____ .
>
> 다니엘: 배구공과 야구공은 모양이 같아.
>
> 서영: 책과 공책도 모양이 같아. 둘 다 네모 모양이야.
>
> 장위: 갑 티슈와 두루마리 휴지도 모양이 같아.
>
> 준서: 아니야. 갑 티슈와 모양이 같은 것은 _____㉡_____ .

1) ㉠에 알맞은 문장을 고르세요.----------------------------------(   )

    ① 모양이 같은 것을 찾아봐.   ② 모양이 다른 것을 찾아봐.

    ③ 색깔이 같은 것을 찾아봐.   ④ 색깔이 다른 것을 찾아봐.

2) ㉡에 알맞은 말을 써 보세요.

_____

2. 대화를 완성해 봅시다.

①   다니엘: 우리 주변에서 색깔이 같은 것을 찾아봐.

      장위: _____ .

②   서영: _____ .

      준서: 책과 축구공은 모양이 달라.

13 자료 분석

- 어려운 말 익히기
- 부엉이 선생님 또 보기
- 표현해 보기

🔍 자료를 부분으로 나누어 살펴보기

⟨학습 도구 한국어⟩ 160~161쪽

 어려운 말 익히기: **구별, 연결**

1. 빈칸에 알맞은 낱말을 골라 써 봅시다.

구별   연결

 장위, 너 치타와 표범을 (㉠   )할 수 있어?

 아니, (㉠   )하기 어려워. 좋은 방법이 있어?

 여기 무늬 모양을 봐. 치타는 동그란 점무늬가 있고,
표범은 이렇게 얼룩무늬 안쪽이 비어 있어.

⟨협동화 그리는 방법⟩

1. 먼저 커다란 종이에 밑그림을 그리고, 밑그림을 부분 그림으로 나눈다.
2. 모둠 친구들이 각 부분 그림을 맡아서 색칠한다.
3. 각각 색칠한 그림을 모아서 다시 처음 그림처럼 (㉡   )한다.
4. 부분 그림이 잘 (㉡   )되었는지 살펴보며 협동화를 완성한다.

2. 낱말을 알맞은 문장과 연결하고 빈칸에 써 봅시다.

구별

- 점과 점을 ⬜⬜ 해 선분을 그려 봅시다.

- 나는 내 친구와 ⬜⬜ 되는 목소리를 가졌다.

연결

- 질문과 맞는 답을 ⬜⬜ 해 보세요.

- 누가 형이고 누가 동생인지 ⬜⬜ 할 수 없어요.

어려운 말 익히기: 부분, 나누어(나누다)

3. 의미에 알맞은 낱말을 연결하고 따라 써 봅시다.

전체를 이루고 있는 작은 것.
또는 전체를 여러 개로
나눈 것 가운데 하나

나누다 ⬜⬜⬜⬜

원래 하나였던 것을 둘 이상의
부분이나 조각이 되게 하다.

부분 ⬜⬜

4. 문장을 듣고 써 봅시다.

5. 앞에 나오는 말을 이용하여 문장을 완성해 봅시다.

① 부분 과일의 _____ .

② 나누어 색종이를 네 조각으로 _____ .

 부엉이 선생님 또 보기: **분석**

6. 다음 문장을 따라 써 봅시다.

전체를 여러 개의 부분으로 나누어 살펴보는 것을 분석이라고 해요.

7. 사막여우를 부분으로 나누어 살펴보고 있어요. 문장을 완성해 써 봅시다.

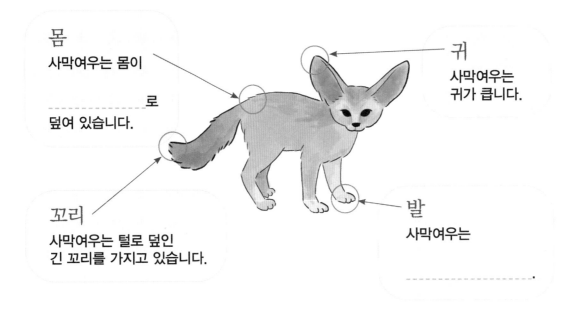

몸
사막여우는 몸이

_____ 로
덮여 있습니다.

귀
사막여우는
귀가 큽니다.

꼬리
사막여우는 털로 덮인
긴 꼬리를 가지고 있습니다.

발
사막여우는

_____ .

자료를 이용하여 글을 쓰는 방법 이해하기 <학습 도구 한국어> 162~165쪽

 어려운 말 익히기: 요소, 선택, 간추려(간추리다)

1. 문장의 빈칸에 알맞은 말을 찾아 연결하고 따라 써 봅시다.

요소 •   • 신문 기사가 길어서 내용을 (   ) 가며 읽었다.

선택 •   • 노력과 성실은 성공을 이루는 중요한 (   )이다.

간추려 •   • 여러 동아리 활동 중에서 하고 싶은 것을 (   )했다.

①

②

③

2. 밑줄 그은 말과 의미가 비슷한 말을 골라 바꾸어 써 봅시다.

선택해   간추려

① 선생님께서 조사한 자료를 <u>요약해</u> 보라고 하셨어.

→ 선생님께서 조사한 자료를 ＿＿＿＿＿＿＿ 보라고 하셨어.

② 그럼 꼭 필요한 자료만 <u>골라</u> 보자.

→ 그럼 꼭 필요한 자료만 ＿＿＿＿＿＿＿ 보자.

 어려운 말 익히기: 구성, 관련 있는(관련 있다)

3. 의미에 알맞은 낱말을 연결해 봅시다.

여러 사람이나 부분을 모아서 하나로 만드는 일 •   • 관련 있다

서로 영향을 주고받는 관계가 있다. •   • 구성

4. 빈칸에 알맞은 말을 골라 써 봅시다.

관련 있는   구성   관련 있는지

① 친구들에게 판소리의 (   ) 요소에 대해 알려 주고 싶어.

② 쓸 내용과 (   ) 자료를 찾아보자.

③ 이 일이 준서와 (   ) 알아봐야겠어.

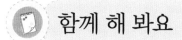 **함께 해 봐요**

〈학습 도구 한국어〉 166~167쪽

 표현해 보기

1. 나의 특징을 떠올리며 빈칸을 채워 봅시다.

잘하는 것	나는 피구를 잘한다.
생김새(외모)	나는 키가 ( ), 얼굴이 ( ).
형제 관계	나는 ( ).
좋아하는 것	
싫어하는 것	

2. 〈학습 도구 한국어〉 167쪽에 정리한 내용을 바탕으로 친구를 소개하는 글을 써 봅시다.

14 내 생각에는

- 어려운 말 익히기
- 부엉이 선생님 또 보기
- 표현해 보기

🔍 **수업 주제에 대한 의견 평가하기** 〈학습 도구 한국어〉 172~173쪽

 어려운 말 익히기: 적절한(적절하다), 판단

1. 의미에 알맞은 말과 문장을 연결해 봅시다.

아주 딱 알맞다.

기준에 따라 어떠한 것에
대한 생각을 정하다.

●

●

●

●

판단했다

적절하다

●

●

●

●

가을은 날씨가 좋아 체험
학습을 가기에 (   ).

늦더라도 힘든 친구를 도와주는
것이 옳다고 (   ).

2. 어울리는 것끼리 연결해 봅시다.

복도는 뛰기에 ●   ● 적절해.

교실은 공부하기에 ●   ● 적절하지 않아.

3. 의미에 알맞은 낱말을 연결하고 따라 써 봅시다.

문제에 대한 답이 틀리지 않다. ● ● 환경

생물이 살아가는 데 영향을
주는 자연 상태나 조건 ● ● 맞다

4. 파란색으로 표시된 말의 의미를 생각하며 따라 써 봅시다.

① 환경 보호를 위해 분리수거를 하자.

② 이 문제에 맞는 답을 쓰세요.

③ 누구의 답이 맞는지 아직까지는 모른다.

5. 빈칸에 공통으로 들어갈 낱말을 쓰고 읽어 봅시다.

> 선생님: 생태 보물이란 우리 주변의 다양한 동식물과 (㉠   )을 말해요. 주변을
>   둘러보고 문제에 (㉡   ) 생태 보물을 찾아왔나요?
> 엠마: 제 답과 오딜의 답이 다른데, 누구의 답이 (㉢   ) 것인지 잘 모르겠어요.
> 선생님: 생태 보물을 찾으며 생각한 점을 발표해 봅시다.
> 오딜: 저는 생태 보물을 찾으며 쓰레기가 아무 곳에나 버려져 있는 모습을 발견했어요.
>   (㉠   ) 보호를 위해 쓰레기는 쓰레기통에 버려야 한다고 생각했어요.

㉠ ☐☐   ㉡ ☐☐

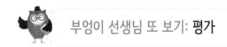
부엉이 선생님 또 보기: **평가**

6. 오딜의 평가 활동으로 알맞은 것을 골라 봅시다.--------------------(   )

> 엠마: 바스락 소리가 나는 생태 보물로 마른 나뭇잎을 찾았어.
> 오딜: 마른 나뭇잎은 만지면 바스락 소리가 나니까 적절한 생태 보물을 찾았어.

① 찾은 답이 적절한지 판단하는 평가 활동
② 활동을 열심히 했는지 판단하는 평가 활동
③ 여러 가지 의견 중 어느 것이 좋은지 판단하는 평가 활동
④ 작품의 잘된 점과 고칠 점은 무엇인지 판단하는 평가 활동

친구들의 의견에 대해 생각해 보기 〈학습 도구 한국어〉 174~177쪽

 어려운 말 익히기: 검토, 고려, 장단점

1. 빈칸에 알맞은 낱말을 골라 써 봅시다.

검토　　고려　　장단점

① 놀이를 할 때에는 친구의 마음을 ☐☐ 하며 해야 해.

② 의견과 판단 기준을 찾아 쓰고 각 의견의 ☐☐☐ 을 검토해 보세요.

③ 친구들이 제시한 의견을 ☐☐ 할 때에는 ☐☐ 할 때 필요한 판단

기준을 생각하고 각 의견의 장단점도 살펴보아야 해요.

2. 문장을 듣고 써 봅시다.

①

②

3. 국어사전의 내용을 읽고, 자음자에 알맞은 낱말을 써 봅시다.

> **ㅈ ㅈ** 대화나 연구 등에서 중심이 되는 문제
> ㉠ 오늘의 수업 □□는 환경 문제이다.

> **ㅇ ㄱ** 어떤 대상이나 현상 등에 대해 나름대로
> 판단하여 가지는 생각
> ㉠ 학급 규칙을 정하기 위해 친구들이 많은 □□을
> 말했다.

4. 빈칸에 알맞은 낱말을 골라 써 봅시다.

> 주제   의견   고려

> 준서: 오늘의 토의 (   )는 '교실 청소를 어떻게 하면 좋을까?'입니다.
> 엠마: 저는 우리 반 친구들이 번갈아 가며 청소를 하면 좋겠습니다. 그렇게 하면 청소를
> 하지 않는 친구들은 다른 활동을 할 수 있어서 좋습니다.
> 오딜: 하고 싶은 사람이 하면 좋겠습니다. 자기가 하고 싶은 활동이라서 더 열심히 할
> 것입니다.
> 서영: 가장 좋은 (   )을 선택해 봅시다. 어떤 점을 (   )해야 할까요?

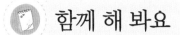
 표현해 보기

1. '생활 속 보물찾기' 놀이를 하고 있어요. 어울리는 것끼리 연결해 봅시다.

●   ●   끈적끈적한 느낌

●   ●   좋은 냄새

2. 보기 와 같이 대화를 완성해 봅시다.

보기

서영: '연필' 카드와 '글자를 쓸 수 있는 것' 카드가 나왔어. 연필로 글자를 쓸 수 있으니까
보물로 적절해.
준서: 적절한지에 대해 잘 판단했어.
엠마: 문제 카드의 내용에 맞는 보물 카드를 잘 찾았어.
서영: '붙임 딱지' 카드와 '둥근 모양' 카드가 나왔어. 붙임 딱지는 네모 모양이라 보물로
적절하지 않아.
준서: 적절한지에 대해 잘 판단했어.

오딜: '풀'과 '끈적끈적한 느낌' 카드가 나왔어. 풀은 끈적끈적한 느낌이 나니까 보물로

                                                                    .
서영: 적절한지에 대해 잘   .
준서: 문제 카드의 내용에 맞는 보물 카드를 잘 찾았어.
서영: '피자' 카드와 '네모 모양' 카드가 나왔어. 피자는 둥근 모양이라 보물로

                                                                    .
준서: 적절한지에 대해 잘   .

15

문제를 해결하려면

● 어려운 말 익히기
● 부엉이 선생님 또 보기
● 표현해 보기

 문제를 해결한 위인의 사례를 읽고 이해하기 〈학습 도구 한국어〉 184~185쪽

어려운 말 익히기: 사례, 어려웠습니다(어렵다)

1. 의미에 알맞은 낱말을 연결하고 따라 써 봅시다.

이전에 실제로 일어난 예 •   • 어렵다

하기가 복잡하거나 힘이 들다. •   • 사례

2. 빈칸에 공통으로 들어갈 말을 골라 써 봅시다.

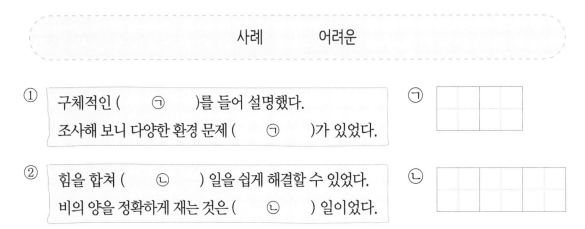

사례   어려운

① 구체적인 (㉠)를 들어 설명했다.
조사해 보니 다양한 환경 문제 (㉠)가 있었다.

㉠

② 힘을 합쳐 (㉡) 일을 쉽게 해결할 수 있었다.
비의 양을 정확하게 재는 것은 (㉡) 일이었다.

㉡

3. 의미에 알맞은 낱말과 문장을 연결해 봅시다.

앞으로 일어날 수 있는 어려운 상황에 대해 미리 준비함.	연구하거나 조사한 것의 내용이나 결과를 말이나 글로 알림.
•	•
•	•
대비	보고
•	•
•	•
휴대 전화 사용 실태를 ( )하였다.	학생들은 시험에 ( )해 문제지를 풀었다.

4. 파란색으로 표시된 낱말의 의미를 생각하며 따라 써 봅시다.

① 홍수 피해를 줄이기 위한 대비로 둑을 높게 쌓았다.

② 조사 결과의 보고를 준서가 맡았다.

5. 다음 글을 읽고 내용과 맞지 않는 것을 골라 봅시다.--------------(   )

측우기의 발명

　세종대왕은 가뭄과 홍수로 힘들어하는 백성들을 보며 가슴이 아팠습니다. 세종대왕은 백성들의 문제를 해결하기 위해 비의 양을 예상하여 가뭄과 홍수에 대비할 수 있다면 좋겠다고 생각했습니다.

　세종대왕은 여러 해 동안 내린 비의 양을 비교하여 다음 해에 내릴 비의 양을 알아보고자 했습니다. 이를 위해 각 마을에 비의 양을 재어 보고하라고 했습니다. 하지만 땅속으로 스며드는 비의 양을 정확하게 재기가 어려웠습니다.

　세종대왕은 여러 기술자를 모아 비의 양을 재는 기구를 만들도록 했습니다. 기술자들은 큰 노력 끝에 비의 양을 정확하게 잴 수 있는 측우기를 만들었습니다.

---

① 세종대왕은 가뭄과 홍수로 힘들어하는 백성들을 보며 가슴이 아팠다.

② 세종대왕이 모은 기술자들은 비의 양을 정확하게 잴 수 있는 측우기를 만들었다.

③ 세종대왕은 비의 양을 예상해 가뭄과 홍수에 대비할 수 있다면 좋겠다고 생각했다.

④ 세종대왕은 각 마을에 비의 양을 재어 보고하라고 하였고, 마을 사람들은 비의 양을 정확하게 재어 보고하였다.

6. 문제 해결 과정이에요. 순서에 맞게 기호를 써 봅시다.

㉠ 문제가 무엇인지 찾기

㉡ 문제가 해결되지 않으면 다른 방법 찾기

㉢ 문제 해결을 위한 다양한 방법 생각하기

㉣ 가장 좋다고 생각되는 방법으로 문제를 해결하기

(   ) → (   ) → (   ) → (   )

주장을 펼치는 글 써 보기

 어려운 말 익히기: 까닭, 원인, 효과적

1. 국어사전의 내용을 읽고, 자음자에 알맞은 낱말을 써 봅시다.

②
ㄲㄷ 어떠한 일이 생기거나 어떠한 일을 하게 된 이유나 사정
⑩ 친구가 웃는 □□을 모르겠다.

②
ㅇㅇ 어떤 일이 일어나게 하거나 어떤 사물의 상태를 바꾸는 근본이 된 일이나 사건
⑩ 감기의 □□이 무엇인지 궁금했다.

③
ㅎㄱㅈ 어떠한 것을 하여 좋은 결과가 얻어지는 것
⑩ 우리 팀은 상대 팀의 공격을 □□□으로 막아 냈다.

2. 어울리는 말을 찾아 써 봅시다.

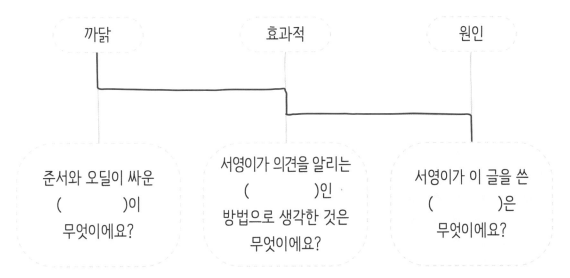

까닭   효과적   원인

준서와 오딜이 싸운 ( )이 무엇이에요?

서영이가 의견을 알리는 ( )인 방법으로 생각한 것은 무엇이에요?

서영이가 이 글을 쓴 ( )은 무엇이에요?

3. 먼저 듣고 쓰세요. 그리고 알맞은 문장과 연결해 봅시다.

●　　　　　●　　체육 시간에 한
　　　　　　　　놀이가 (　　　　　).

●　　　　　●　　친구가 문제를 해결할 수 있는
　　　　　　　　방법을 (　　　　　).

●　　　　　●　　전학 간 친구의 얼굴이
　　　　　　　　(　　　　　).

●　　　　　●　　서영이가 자신의 의견을
　　　　　　　　글로 (　　　　　).

4. 보기 와 같이 문장을 만들어 봅시다.

보기

운동장 + 보다 + 체육 시간 + 떠오르다.
→ 운동장을 보니 체육 시간이 떠올랐어.

① 친구의 사진 + 보다 + 전학 간 친구의 모습 + 떠오르다.

→ _____

② 일기장 + 보다 + 지난 주말에 있었던 일 + 떠오르다.

→ _____

함께 해 봐요

〈학습 도구 한국어〉 190~191쪽

 표현해 보기

1. 문제 상황과 어울리는 주장, 근거 카드를 선으로 연결해 봅시다.

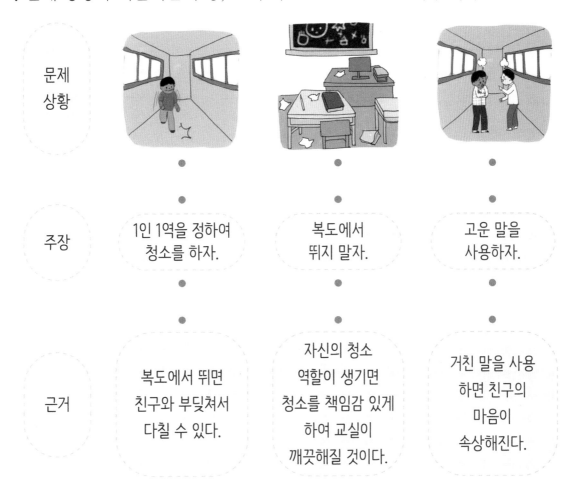

문제 상황			
주장	1인 1역을 정하여 청소를 하자.	복도에서 뛰지 말자.	고운 말을 사용하자.
근거	복도에서 뛰면 친구와 부딪쳐서 다칠 수 있다.	자신의 청소 역할이 생기면 청소를 책임감 있게 하여 교실이 깨끗해질 것이다.	거친 말을 사용 하면 친구의 마음이 속상해진다.

2. 위의 문제 상황과 주장, 근거를 하나 골라 한 편의 글로 써 봅시다.

_____

_____

_____

_____

16

미래 사회

- 어려운 말 익히기
- 부엉이 선생님 또 보기
- 표현해 보기

🔍 **미래 사회에 대해 상상하고 발표하기** 〈학습 도구 한국어〉 196~197쪽

 어려운 말 익히기: 역할, 자료, 정한(정하다)

1. 의미에 알맞은 말과 문장을 연결해 봅시다.

맡은 일, 또는 해야 하는 일	여러 가지 중에서 하나를 고름.	공부를 하거나 보고서를 쓰는 데 필요한 재료
•	•	•
•	•	•
역할	자료	정한
•	•	•
•	•	•
나는 인터넷에서 보고서에 필요한 (　　　)를 찾았다.	우리는 가위바위보로 (　　　) 순서대로 게임을 시작했다.	청소 시간에 나의 (　　　)은 빗자루로 교실을 쓰는 것이다.

2. 빈칸에 알맞은 말을 골라 써 봅시다.

역할　자료　정한

엠마: 미래 사회의 생활은 어떨까?

오딜: 미래에 요리와 청소는 가사 도우미 (　　　)을 하는 로봇이 할 거야.

엠마: 공부할 (　　　)는 집에서 컴퓨터로 볼 수 있어서 아이들은 학교에 가지 않을 거야.

오딜: 하지만 놀이 시간에는 미리 (　　　) 장소에 모여 놀 거야.

3. 그림을 보고 자음자에 알맞은 낱말을 써서 대화를 완성해 봅시다.

①

 100년 후 (ㅁ ㄹ)
사회에서는 사람들이 더
편리하게 살 수 있을 거야.

②

 맞아. 과학 기술의
(ㅂ ㄷ)로 우리의 생활은
더 여유로워질 거야.

① ☐☐☐   ② ☐☐☐

4. 빈칸에 공통으로 들어갈 낱말을 쓰고 읽어 봅시다.

① (㉠)에는 누구나 우주여행을 할 수 있을 것이다.
공상 과학 영화에서 (㉠)의 모습을 자주 볼 수 있다.

㉠ ☐☐☐

② 인터넷의 (㉡)은 좋은 점도 있지만 나쁜 점도 있다.
요즘은 교통이 (㉡)해서 어디든지 쉽게 갈 수 있다.

㉡ ☐☐☐

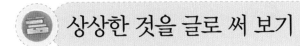 **상상한 것을 글로 써 보기** <학습 도구 한국어> 198~201쪽

 어려운 말 익히기: 참여, 연구, 기술

1. 낱말을 듣고 쓰세요. 그리고 알맞은 문장과 연결해 봅시다.

• — • 그 (   )은 20년 전에 개발되었다.

• — • 아직 우주 환경에 대해서 (   )할 것이 많다.

• — • 나는 이 주택을 건설하는 데 (   )한 건축가이다.

2. 어울리는 것끼리 연결하고 써 봅시다.

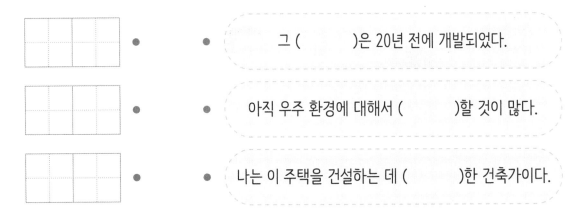

우리 반 친구들은 • — • 더 좋은 약이 만들어졌다.

과학자들의 연구로 • — • 봉사 활동에 열심히 참여했다.

새로운 기술을 사용하면 • — • 물건을 더 빨리 만들 수 있다.

① _____

② _____

③ _____

3. 그림을 보고 알맞은 말을 골라 문장을 완성해 봅시다.

> 기술   참여했다   연구하고 있다

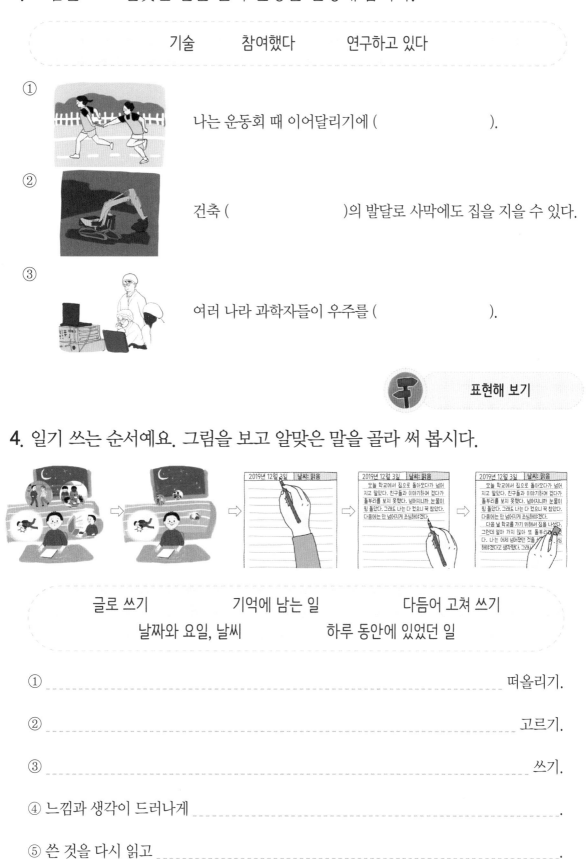

① 나는 운동회 때 이어달리기에 (   ).

② 건축 (   )의 발달로 사막에도 집을 지을 수 있다.

③ 여러 나라 과학자들이 우주를 (   ).

표현해 보기

4. 일기 쓰는 순서예요. 그림을 보고 알맞은 말을 골라 써 봅시다.

> 글로 쓰기   기억에 남는 일   다듬어 고쳐 쓰기
> 날짜와 요일, 날씨   하루 동안에 있었던 일

① _____ 떠올리기.

② _____ 고르기.

③ _____ 쓰기.

④ 느낌과 생각이 드러나게 _____ .

⑤ 쓴 것을 다시 읽고 _____ .

5. 다음 문장을 따라 써 봅시다.

> 상상은 실제로 있지 않은 것을 머릿속에 그려 보는 것이다.

6. 엠마의 상상 일기를 읽고 알맞은 말을 골라 빈칸에 써 봅시다.

2065년 12월 22일 월요일	날씨: 화성은 모래 폭풍이 심함.

10년 전 나는 ①화성으로 이사를 했다. 나는 ②화성에서 사람들이 살 수 있는 주택을 건설하는 데 참여한 건축가가 되었다. 요즘은 ③건축가들이 우주 환경에 대해서도 많이 알아야 해서 연구할 것이 많다. 하지만 나는 ④화성에서 사람들이 더 잘 살 수 있도록 돕는 일이 즐겁다. 그리고 내가 화성에서 살 수 있는 것도 좋다.

> 될 것이다   많을 것이다   즐거울 것이다

미래에는 어떤 일이 생길까?

① 2055년에 나는 <u>화성으로 이사를 할 것이다</u>.

② 나는 화성에서 주택을 건설하는 데 참여한 건축가가

_____.

③ 미래에는 건축가들이 우주 환경에 대해 연구할 것이

_____.

④ 하지만 나는 화성에서 사람들이 잘 살 수 있도록 돕는 일이 _____.

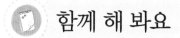 함께 해 봐요

〈학습 도구 한국어〉 202~203쪽

 표현해 보기

1. '과학 상상 협동화 그리기'를 하고 있어요. 알맞은 말을 골라 대화를 완성해 봅시다.

무엇을 그릴까   공중에 떠 있는 도시
종이에 스케치해 보자   색칠은 개인별로 해 주세요

서영: 미래 사회 모습 중 _____?

엠마: _____를 그리면 어떨까?

오딜: 좋은 생각이다. 그럼 먼저 _____.

선생님: 여러분이 스케치한 과학 상상 협동화를 선생님이 세 등분으로 나누어 주겠어요.

그다음 _____.

2. 그림을 보고 알맞은 것을 골라 ○표 해 봅시다.

선생님: 미래 사회 모습 중 무엇을 그렸어요?

장위: (우주의/지구의) 모습을 그렸어요.

선생님: 이곳의 사람들은 어떻게 살고 있을 것 같아요?

장위: (지구와 다르게/비슷하게) 살고 있을 거예요.

선생님: 미래 사람들은 무엇을 타고 다닐까요?

장위: (비행기/우주선)을 타고 아주 먼 곳까지 갈 거예요.

정답

1단원 탐구 활동을 해요

1. 탐구 활동 이해하기

2. ① ⑩ 움직임을 자세히 관찰했다./움직임이 굉장히 빠르다.

　② ⑩ 방식은 여러 가지이다./방식을 배울 수 있을까?

3. ㉠ 번갈다 ㉡ 번갈아

4. ① 설명해 ② 설명을 ③ 설명한

5. 1) ④

　2) ① 운동선수의 뛰는 모습을 관찰했습니다.

　　② 백과사전을 찾아서 움직임에 대한 설명을 읽었습니다.

6. 대해서

2. 여러 가지 탐구 활동 살펴보기

1. ① 환경 ② 영향

2.

쓰레기를 많이 버리면　　　　　　　영향을 미친다.

날씨는 사람들이　　　　　　　　　환경이 오염된다.
옷을 입는 방식에

　① 쓰레기를 많이 버리면 환경이 오염된다.

　② 날씨는 사람들이 옷을 입는 방식에 영향을 미친다.

3. 주제

4. 1) ③

　2) ⑩ 전기를 아껴 쓰는 방법이 있어./종이컵 사용을 줄여야 해.

3. 함께 해 봐요

1. 순서대로 가로 혹은 세로, 직선으로만/한 칸 혹은 여러 칸/못 움직이게 하면

2. 대각선으로 움직일 거야./대각선으로 움직일 수 없어.

네 말을 건너뛰어 움직일 거야./말을 건너뛰어 움직일 수 없어.

2단원 이럴 땐 이런 생각

1. 어림하여 말하기

2. 전체 무게/나눠요/전체의 무게(두 개)/한 개의 무게(한 개)

3. 1) 길이를 측정하다

　2) ② 온도를 측정하다 ③ 거리를 측정하다

4.

5.

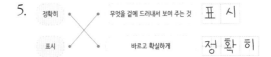

6. 1) 표시된 2) 정확히

2. 상황을 추측해서 이해하기

2. ① 단서/단서 ② 짐작/짐작 ③ 추측/추측

3. ① 추측하기 ② 짐작했다 ③ 추측할

　④ 단서는

4. ① 엠마가 1등인지 짐작하기 어렵다.

　② 그분이 선생님인지 추측하기 어렵다.

5. ⑩ 손이 크다는 씀씀이가 후하고 크다는 뜻이 있기 때문이야./손이 크다는 뭘 많이 하고 크게 하는 것을 의미하는 말이야.

3. 함께 해 봐요

1. 1) 예 7, 2, 11, 14가 있어요./7, 2, 11, 14와 같은 네 가지 숫자가 있다.

   2) 예 그 칸에는 12가 들어가요./물음표 칸에는 12가 들어간다.

2. 더하면/빼면

3단원 계획하고 실행하고

1. 글쓰기를 위한 계획 알아보기

2. ① 보존

   ② 계획

3. 글을 쓰기 전에 쓸 내용과 글의 짜임을 생각해 봐요.

4. ① 내용

   ② 짜임

5. 1) 보거나 들어서 알게 된 점

   2)

   ① 해인사를 보고 우리 문화재가 자랑스러웠다.
   ② 우리 문화재에 관심을 가져야겠다고 생각했다.
   ③ 대장경판이 만들어지게 된 이유에 대해 들어 알게 되었다.

2. 조사 계획 살펴보기

1.

실제로 행함.　　　　　　　조사　조 사
어떤 일이나 대상의 내용을 확실하게 이해하여 앎.　　실행　실 행
어떤 일이나 사물의 내용을 알기 위하여 자세히 살펴보거나 찾아봄.　　파악　파 악

2. ① 조사했니

   ② 실행하자

3.
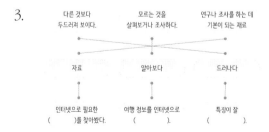
다른 것보다 두드러져 보이다.　　모르는 것을 살펴보거나 조사하다.　　연구나 조사를 하는 데 기본이 되는 재료
자료　　알아보다　　드러나다
인터넷으로 필요한 (　　　)를 찾아봤다.　　여행 정보를 인터넷으로 (　　　).　　특징이 잘 (　　　).

4. 맹그로브 뿌리의 생김새를 조사했어./식물 도감을 찾아보았어.

(오른쪽 단)

5. 1) 사과꽃의 생김새와 하는 일

   2) ④

   3) 유키

3. 함께 해 봐요

1. 1) ③

   2)
   ① 우리 문화재가 자랑스러웠어.
   ② 불국사에 석가탑이 있다는 것을 알게 되었어.

2.
장소	불국사
보거나 들어서 알게 된 점	불국사를 만들게 된 이유

4단원 나란히 놓고 보면

1. 공통점과 차이점을 찾는 활동 이해하기

2. ① 공통점이 있다

   ② 차이점이 있다

3.
전과 다르게 되다.　　뒤에 오는 말이 앞의 내용과는 반대임.
달라집니다　　반면
사자는 우리 지어 사는 (　　) 호랑이는 혼자 삽니다.　　수사자와 암사자는 자라면서 생김새가 (　　　).

4. 달라집니다/반면

2. 차이점을 확인하며 사물을 살펴보기

2. 비교/입체

3.
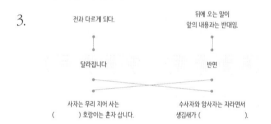
주사위는 6개의 사각형으로 (　　)되어 있어.　　구성　구 성
주사위의 (　　　)는 모두 12개야.　　모서리　모 서 리

4. ① 과자 상자는 6개의 사각형으로 구성되어 있어.

   ② 냉장고는 6개의 면으로 구성되어 있어.

   ③ 직육면체는 12개의 모서리로 구성되어 있어.

   ④ 정육면체는 8개의 꼭짓점으로 구성되어 있어.

5. 1) ④

   2) 반면에

3) ㉣ 축구공과 농구공은 색깔이 다르다./
   축구공은 농구공은 무늬가 다르다.

3. 함께 해 봐요

1.㉣

질문	직육면체와 정육면체의 공통점은 무엇입니까?
답	직육면체와 정육면체는 모두 입체도형입니다./직육면체와 정육면체는 모두 면이 6개입니다.

질문	직육면체와 정육면체의 차이점은 무엇입니까?
답	정육면체는 모든 모서리의 길이가 같고, 직육면체는 모든 모서리의 길이가 같지 않습니다./정육면체는 정사각형 6개로 구성되고, 직육면체는 직사각형 6개로 구성됩니다.

2. ㉣ 연필과 색연필은 모두 글을 쓰거나 그림을 그릴 때 사용한다. 연필은 검은색이고, 글씨를 쓸 때 많이 사용한다. 색연필은 여러 가지 색깔이 있고 색칠할 때 많이 사용한다.

5단원 어려운 문제일수록

1. 계산 문제 풀어 보기

1.
사건이나 문제에 대한 답이나 수, 양을 알아낸다. → 구하다 → 구 하 다
사건이나 문제, 일 등을 잘 처리해 끝을 냄. → 해결 → 해 결

2. ① 해결하려면   ② 구하는
3. 단위는 길이, 넓이 등을 수로 나타낼 때의 기준이에요.
4. 방법

5.

2. 생각을 펼치는 토론 활동 살펴보기

1.
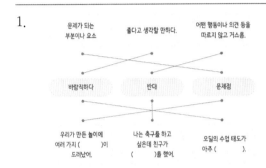

3. ① 반대하는   ② 반대
4. 보호/찬성
5. 터널 건설에 찬성합니다.
6. 1) 토론

   2) 초등학생이 화장을 해도 될까?
      도서실에서 학습 만화를 읽어도 될까?
      친구와 사이좋게 지내야 할까?

3. 함께 해 봐요

1. 반대/바람직하지/찬성/공부

2.

6단원 수행 평가

1. 친구들의 작품을 평가하기

1. 작품

3.

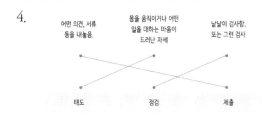

사물의 값이나 가치, 수준 등을 따져 정함.
또는 그 값이나 가치, 수준 ─ 전시 ─ 전 시

찾아온 사람들에게 보여 주도록
여러 가지 물품을 한곳에 차려 놓음. ─ 평가 ─ 평 가

5. (예) 사진 자료를 많이 넣어서 재미있게 만들었
어./내용을 잘 정리했고, 글씨를 예쁘게 잘
썼구나.

2. 수행 평가 과정 익히기

4.

어떤 의견, 서류   몸을 움직이거나 어떤   낱낱이 검사함.
등을 내놓음.   일을 대하는 마음이   또는 그런 검사
                  드러난 자세

태도   점검   제출

5. ① 제출/점검하세요   ② 태도
6. 수행 평가 범위가 어디부터 어디까지야?
7. 범위

3. 함께 해 봐요

2. (예) 여러 가지 낱말의 뜻을 잘 정리했구나./
낱말의 뜻과 예문을 잘 정리해서 보기 좋아.

7단원 독서 기록장

1. 이어질 내용 상상하기

2. ① (예) 상상해 발표해 봅시다./상상해 써 봅시다.
  ② (예) 아나운서(과학자, 기수)가/상상
4. 순서
5. (예) 할아버지와 할머니, 고양이까지 모두 힘을
합쳐 순무를 뽑으려고 했지만 뽑히지 않았
어요. 온 동네의 사람들이 모여 힘을 합쳐
당기자 아주 커다란 순무가 쑥 뽑혔어요.
정말 큰 순무로 할머니는 맛있는 요리를
만들어 동네 사람들과 나누어 먹었답니다.

2. 독서 기록장 쓰기

1.

어떤 것을 보고 생각하는
개인의 입장 또는 태도 ─ 재구성 ─ 재 구 성

지금까지 없던 새로운 것이
나타나 있는 것 ─ 관점 ─ 관 점

한 번 구성하였던 것을
다시 새롭게 구성함. ─ 창의적 ─ 창 의 적

사건이나 사람 등과
관계있는 주변 상황 ─ 배경 ─ 배 경

2. ① 토끼의 관점에서 내용을 재구성해 보았어요.
  ② 꽃피는 모습을 창의적으로 표현해 보세요.
  ③ 이 영화의 배경은 조선 시대야.
4. 바꾸어/바꾸어/작품
5. 1) (예) 피곳 부인: 매일 혼자 청소하고 밥하고
빨래하고… 이젠 정말 지쳤어.
너무 힘들고 슬퍼.
피곳 씨: 내가 그동안 너무 집안일을 돕지
않았어. 부인에게 정말 미안하군.

3. 함께 해 봐요

1. 1) 타이선/유키/오딜/서영
  2) ㉠ 운동화   ㉡ 생쥐
2. (예) 오딜: (생쥐는 시계를 꺼내 보이며) "그럼
내가 지금부터 시간을 재 볼게."라고 말
했어요.
서영: 그때 지나가던 여우가 달리기 시합에서
이긴 친구에게 사과를 선물로 주겠다고
했어요.

8단원 여러 가지 가지런히

1. 기준을 세워 분류하기

1.
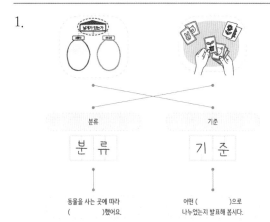

분류
| 분 | 류 |

기준
| 기 | 준 |

동물을 사는 곳에 따라 (　　　)했어요.

어떤 (　　　)으로 나누었는지 발표해 봅시다.

2. ① 과일을 색깔에 따라 분류해요.
   ② 동물을 사는 곳에 따라 분류해요.
   ③ 사물을 모양에 따라 분류해요.

4. ① 용액　② 용액

2. 분류의 방법으로 설명하기

1.
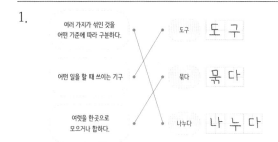

도	구
묶	다
나	누	다

2. ① 나눌　② 묶어　③ 묶고

3. 도구

5. ⑩ 악기의 종류를 설명하고 있어./악기의 종류를 설명하는 글이야

6. 1) 일정한 기준을 정한 뒤에 그 기준에 따라 같은 것끼리 묶는 것

   2) 여러 가지를 종류별로 정리해서 이해하기 쉽다.

3. 함께 해 봐요

1. 1) 기준

---

   2) 토끼, 코끼리, 사슴 등

2. 노란색/보라색

   ⑩ 노란색: 바나나, 레몬, 병아리/보라색: 포도

9단원 관찰 보고서

1. 관찰한 것을 말로 표현하기

1.
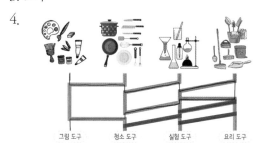

어떤 사물의 가장 바깥쪽이나 위쪽 — 표면
| 표 | 면 |

원래의 모습이나 크기보다 더 크게 하는 것 — 확대
| 확 | 대 |

2. ① 표면
   ② 확대

3. 도구

4.
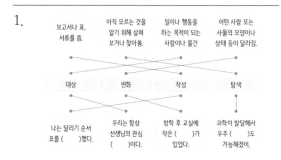

그림 도구　청소 도구　실험 도구　요리 도구

① 청소 도구
② 그림 도구
③ 요리 도구
④ 실험 도구

2. 관찰 보고서 쓰기

1.
보고서나 표, 서류를 씀.　아직 모르는 것을 알기 위해 살펴보거나 찾아봄.　일이나 행동을 하는 목적이 되는 사람이나 물건　어떤 사람 또는 사물의 모양이나 상태 등이 달라짐.

대상　변화　작성　탐색

나는 달리기 순서 표를 (　　　)했다.　우리는 항상 선생님의 관심 (　　　)이다.　방학 후 교실에 작은 (　　　)가 있었다.　과학이 발달해서 우주 (　　　)도 가능해졌어.

2. 대상/변화/작성/탐색

3.

실행　　　　개미를 잘 살펴보고 관찰 보고서를 (　　　)해 봅시다.

완성　　　　관찰할 대상을 살펴보며 관찰을 (　　　)한다.

4. ① 실행
   ② 완성
   ③ 완성
   ④ 실행
5. 관찰 대상/관찰 기간/관찰 시간/관찰 장소/
   관찰한 사람/관찰한 내용
6. 솔방울을 관찰했어.
   학교 화단에서 관찰했어.
   솔방울은 나무껍질 조각 같은 것이 겹겹이
   붙어 있는 모양이야.

3. 함께 해 봐요

1. ㉠/㉢/㉣/㉤/㉡
2. 보고/감고/들고/펴고/쥐고

10단원 예상할 수 있는 일

1. 짐작한 내용 쓰기

1. 참고
3.
4. ① 식생활
   ② 환경
   ③ 의생활
   ④ 이용
   ⑤ 주생활

5.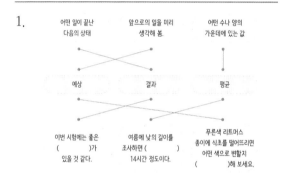

① 우리 고장은 자연환경이 아름답다.
② 옛날과 요즘은 주생활이 많이 달라졌다.
③ 나는 공부할 때 휴대 전화를 이용해서 낱말의
   뜻을 찾는다.
④ 이번 보고서 내용은 '세계 여러 나라의
   의생활'이다.
⑤ 식생활을 바꾸고 나서 건강이 좋아졌다.
6. 더울/추울/올

2. 예상한 것을 설명하기

1.

2. ① 예상
   ② 평균
   ③ 결과
3. 오딜
4.

미래에는		내일 학교에 못 갈 것 같다.
눈이 많이 와서		운동회에서 1등을 할 것 같다.
동생이 감기가 심해서		우주여행을 할 수 있을 것 같다.
달리기 연습을 열심히 했으니까		눈사람을 만들 수 있을 것 같다.

① 미래에는 우주여행을 할 수 있을 것 같다.
② 눈이 많이 와서 눈사람을 만들 수 있을 것
   같다.
③ 동생이 감기가 심해서 내일 학교에 못 갈
   것 같다.
④ 달리기 연습을 열심히 했으니까 운동회에서

1등을 할 것 같다.

3. 함께 해 봐요

1. 실수를 하신/'안나'인/장난을 친
2. ① 물이 쏟아진
   ② 창문을 닫지 않은
   ③ 오늘은 일요일인
   ④ 시계가 고장이 난

11단원 요약과 기록

1. 내용을 요약하여 설명하기

2. ③
3. 1) 중국의 4대 명절/음력 8월 15일/가을의
      중간에 있다는/달맞이/월병
   2) 4대 명절/8월 15일/가을의 중간에 있다는/
      달맞이/월병/달 모양의 떡

2. 중요한 내용을 찾아 기록하기

1.
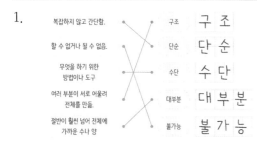

2. 단순/불가능/수단/대부분/구조

3.
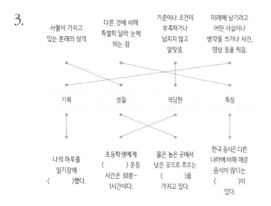

4. ① 기록
   ② 특징
   ③ 성질
   ④ 적당한
5. 어떤 사실이나 생각을 글로 적어 남기는 것/
   생각하고 느끼고 본 것
6. ③

3. 함께 해 봐요

1. 그 수를 빠르게 늘리며 퍼져./증식이 불가능
   하고 세포를 바이러스 자신이 사는 수단으로
   만들어./해로운 것이 대부분이야./(세균보다
   그 구조가 더 단순하고 크기도 훨씬 작아서)
   특별한 현미경으로만 관찰할 수 있어.
2. ⑩ 세균은 살기에 적당한 환경에서는 그 수를
   빠르게 늘리며 퍼지지만 바이러스는 증식이
   불가능하다. 또, 세균은 유익한 것도 있지만
   바이러스는 해로운 것이 대부분이다. 바이
   러스는 세균보다 그 구조가 더 단순하고
   크기도 훨씬 작아서 특별한 현미경으로만
   관찰할 수 있다.

12단원 여러 가지 비교 활동

1. 여러 가지 크기를 비교하여 이해하기

1. ① 비슷하다
   ② 정확히
2. ① 정확히
   ② 비슷하다

3.

사물의 부피, 넓이, 양 등이 큰 정도		크기	크 기
어떤 일이나 과정이 끝난 후의 상태나 현상		결과	결 과
말이나 글에서 중요한 것을 골라 짧게 만듦.		요약	요 약

4. 요약했다/결과/크기

2. 중요한 특징을 찾아 서로 비교하기

1.

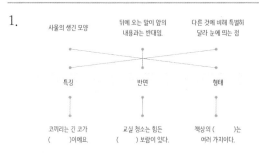

2. 특징/형태/반면

4. ㉠ 모습

　　㉡ 다르다

　　㉢ 모두

5. 1) ②

　　2) ⑩ 산소와 이산화탄소는 모두 색깔과 냄새가
　　　　없다. 산소는 불꽃을 타오르게 하는 반면
　　　　이산화탄소는 불꽃을 꺼지게 한다.

3. 함께 해 봐요

1. 1) ①

　　2) ⑩ 과자 상자야./투표함이야.

2. ① ⑩ 개나리와 병아리는 둘 다 노란색이야./
　　　　사과와 딸기는 모두 빨간색이야.

　　② 우리 주변에서 모양이 다른 것을 찾아봐.

13단원　자료 분석

1. 자료를 부분으로 나누어 살펴보기

1. 구별/연결

2.

3.

4. 사막여우의 생김새를 여러 부분으로 나누어
　　살펴보세요.

5. ① ⑩ 과일의 부분을 자세히 살펴보자./과일의
　　　　부분을 돋보기로 자세히 볼까?

　　② ⑩ 색종이를 네 조각으로 나누어 꽃잎을
　　　　접어 보아요/색종이를 네 조각으로 나누어
　　　　보세요.

7. 몸: 주황색 털/발: 발이 4개입니다.

2. 자료를 이용하여 글을 쓰는 방법 이해하기

1.

2. ① 간추려　② 선택해

3.

4. ① 구성　② 관련 있는　③ 관련 있는지

3. 함께 해 봐요

1. ⑩ 나는 키가 크고, 얼굴이 둥글다./나는 키가
　　작고, 얼굴이 까맣다.

　　⑩ 나는 여동생이 있다./나는 형이 없다.

　　⑩ 나는 피자를 좋아한다./나는 컴퓨터 게임
　　을 좋아한다.

　　⑩ 나는 바나나를 싫어한다./나는 피구를 싫
　　어한다.

14단원 내 생각에는

1. 수업 주제에 대한 의견 평가하기

1.

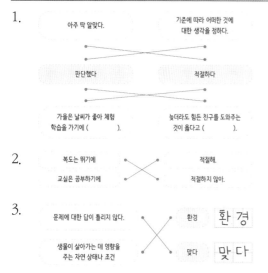

2.
```
복도는 뛰기에           적절해.

교실은 공부하기에        적절하지 않아.
```

3.
```
문제에 대한 답이 틀리지 않다.        환경   환 경

생물이 살아가는 데 영향을           맞다   맞 다
주는 자연 상태나 조건
```

5. ㉠ 환경

　　㉡ 맞는

6. ①

2. 친구들의 의견에 대해 생각해보기

1. ① 고려

　　② 장단점

　　③ 검토/검토

2. ① 약속을 잡을 때 남은 시간을 고려했다.

　　② 내용을 여러 번 검토하고 나서 발표했다.

3. 주제/의견

4. 주제/의견/고려

3. 함께 해 봐요

1.

2. 적절해/판단했어/적절하지 않아/판단했어

15단원 문제를 해결하려면

1. 문제를 해결한 위인의 사례를 읽고 이해하기

1.

2. ㉠ 사례

　　㉡ 어려운

3.

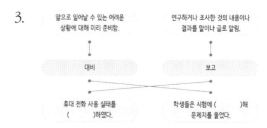

5. ④

6. ㉠-㉢-㉣-㉡

2. 주장을 펼치는 글 써 보기

1. ① 까닭

　　② 원인

　　③ 효과적

2.

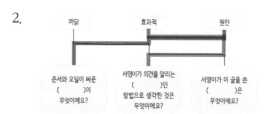

3.

4. ① 친구의 사진을 보니 전학 간 친구의 모습이
　　 떠올랐어.

　　② 일기장을 보니 지난 주말에 있었던 일이
　　　 떠올랐어.

3. 함께 해 봐요

1.

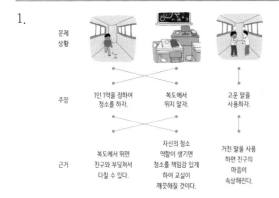

2. 예 요즘 교실 청소를 열심히 하지 않아서 교실이 더럽습니다. 1인 1역을 정하여 청소를 합시다. 자신의 청소 역할이 생기면 친구들이 청소를 책임감 있게 할 것입니다. 친구들이 맡은 역할을 열심히 하면 교실이 깨끗해질 것입니다.

16단원 미래 사회

1. 미래 사회에 대해 상상하고 발표하기

1.

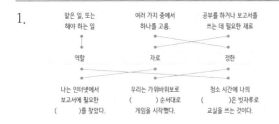

2. 역할/자료/정한
3. ① 미래
   ② 발달
4. ① ㉠ 미래
   ② ㉡ 발달

2. 상상한 것을 글로 써 보기

1.

참여　　　그 (　　　)은 20년 전에 개발되있다.

기술　　　아직 우주 환경에 대해서 (　　　)할 것이 많다.

연구　　　나는 이 주택을 건설하는 데 (　　　)한 건축가이다.

2.

우리 반 친구들은　　　더 좋은 약이 만들어졌다.

과학자들의 연구로　　　봉사 활동에 열심히 참여했다.

새로운 기술을 사용하면　　　물건을 더 빨리 만들 수 있다.

① 우리 반 친구들은 봉사 활동에 열심히 참여했다.
② 과학자들의 연구로 더 좋은 약이 만들어졌다.
③ 새로운 기술을 사용하면 물건을 더 빨리 만들 수 있다.

3. ① 참여했다.
   ② 기술
   ③ 연구하고 있다.
4. ① 하루 동안에 있었던 일
   ② 기억에 남는 일
   ③ 날짜와 요일, 날씨
   ④ 글로 쓰기
   ⑤ 다듬어 고쳐 쓰기
6. ② 될 것이다.
   ③ 많을 것이다.
   ④ 즐거울 것이다.

3. 함께 해 봐요

1. 무엇을 그릴까?/공중에 떠 있는 도시/작은 종이에 스케치해 보자./색칠은 개인별로 해 주세요.
2. 우주의/비슷하게/우주선

기획·담당 연구원 ——

정혜선 국립국어원 학예연구사
이승지 국립국어원 연구원
박지수 국립국어원 연구원

집필진 ——

책임 집필
이병규 서울교육대학교 국어교육과 교수

공동 집필
박지순 연세대학교 글로벌인재학부 교수
손희연 서울교육대학교 국어교육과 교수
안찬원 서울창도초등학교 교사
오경숙 서강대학교 전인교육원 교수
이효정 국민대학교 교양대학 교수
김세현 서울명신초등학교 교사
김정은 서울가원초등학교 교사
박유현 연세대학교 언어연구교육원 한국어학당 강사

박지현 연세대학교 언어연구교육원 한국어학당 강사
박혜연 서울교대부설초등학교 교사
신윤정 서울도림초등학교 교사
신현진 서울강동초등학교 교사
이은경 세종사이버대학교 한국어학과 교수
이현진 서울천일초등학교 교사
조인옥 연세대학교 언어연구교육원 한국어학당 교수
강수연 서울구로중학교 다문화이중언어 교원

초등학생을 위한
표준 한국어 익힘책
학습 도구 5~6학년

ⓒ 국립국어원 기획 | 이병규 외 집필

초판 1쇄 인쇄 | 2020년 1월 28일
초판 2쇄 발행 | 2022년 5월 4일

기획 | 국립국어원
지은이 | 이병규 외
발행인 | 정은영
책임 편집 | 한미경
디자인 | 디자인붐, 이경진, 정혜미, 박현정
일러스트 | 우민혜, 민효인, 김채원, 고굼씨

펴낸 곳 | 마리북스
출판 등록 | 제2019-000292호
주소 | (04037) 서울특별시 마포구 양화로 59 화승리버스텔 503호
전화 | 02)336-0729   팩스 | 070)7610-2870
이메일 | mari@maribooks.com
인쇄 | 지엠프린테크(주)

ISBN 979-11-89943-29-5 (64710)
     979-11-89943-12-7 (set)